Sabine Feuerbach

Wer ist eigentlich Margarete Steiff?

Leben
Werk
Wirkung

Ernst Klett Sprachen
Stuttgart

Die Lösungen zu den Übungen zum Leseverstehen gibt es in der Klett-Augmented-App oder zum Download auf www.klett-sprachen.de/wer-ist-eigentlich.

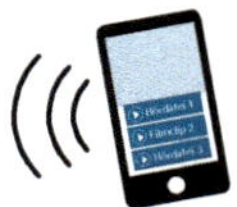

Klett-Augmented-App kostenlos downloaden und öffnen | Seite mit **diesem Symbol** scannen | Lösungen laden, direkt nutzen oder speichern

Hinweis zur Aktualität:
Die Inhalte dieses Buches wurden sorgfältig recherchiert und decken den Zeitraum bis zum Redaktionsschluss Mitte 2021 ab.

1. Auflage 5 4 3 2 1 | 2025 24 23 22 21

Alle Drucke dieser Auflage sind unverändert und können im Unterricht nebeneinander verwendet werden.
Die letzte Zahl bezeichnet das Jahr des Druckes.
www.klett-sprachen.de

Autorin: Sabine Feuerbach
Redaktion: Benjamin Linhart
Reihenkonzept: Benjamin Linhart
Layoutkonzeption: Sabine Kaufmann
Satz: DOPPELPUNKT, Stuttgart
Umschlaggestaltung: Sabine Kaufmann
Titelbild: Margarete Steiff GmbH, Giengen an der Brenz
Druck und Bindung: Elanders GmbH, Waiblingen

Printed in Germany

ISBN 978-3-12-674222-1

Inhalt

Margarete Steiff

Schwere Zeiten für ein fröhliches Mädchen

Am 24. Juli 1847 wird Margarete Steiff in Giengen an der Brenz, im Süden Deutschlands, geboren. Damals besteht Deutschland noch aus einem Bündnis einzelner Staaten, dem „Deutschen Bund". Es ist eine Zeit der Armut: Im Winter 1847 gibt es eine große Hungersnot[1] und 1848 viele politische Unruhen.

Margarte, genannt „Gretl", ist die dritte Tochter von Maria und Friedrich Steiff. Ihre älteren Schwestern heißen Marie und Pauline. Ende 1848 wird ihr kleiner Bruder Friedrich, genannt Fritz, geboren. Er ist der Stammhalter[2] der Handwerker-Familie.

Margarete ist ein sehr aktives Baby. Mit 15 Monaten kann sie krabbeln und ein bisschen laufen. Doch plötzlich bekommt sie hohes Fieber. Sie kann ihre Beine nicht mehr bewegen und das Greifen fällt ihr schwer.

Drei Jahre später stellt ein Arzt die Krankheit Kinderlähmung[3] fest. Zu dieser Zeit ist die Ursache für diese Krankheit noch nicht bekannt. Deswegen können die Ärzte sie nicht behandeln. Margaretes Beine sind gelähmt und ihre Hände schwach. Sie muss getragen werden und bewegt sich später in einem Rollstuhl fort.

Margaretes Mutter Maria ist bereits zum zweiten Mal verheiratet. In ihrer ersten Ehe hatte sie zwei Söhne geboren, die bald darauf starben. Damals passiert das oft, dennoch muss sie deswegen sehr traurig gewesen sein. Ihr erster Mann, Johann Wurz, war von Beruf Baumeister[4] und starb bei einem Unfall. Nach den Regeln der Zunft[5] hätte Maria die Werkstatt ihres verstorbenen Mannes

[1] **die Hungersnot:** eine Zeit, in der viele Menschen zu wenig Essen haben
[2] **der Stammhalter:** erster Sohn, der Nachnamen und Beruf des Vaters übernimmt
[3] **die Kinderlähmung:** damals: schwere Krankheit, die vor allem Kinder bekamen; heute: die Krankheit gibt es kaum noch in Europa, weil es ein Vakzin gibt
[4] **der Baumeister:** jmd., der das Bauen von Häusern plant, durchführt und überwacht
[5] **die Zunft:** hier organisieren sich Handwerker

bald verloren. Um die Werkstatt zu behalten, heiratet Maria den ersten Gesellen[6], Friedrich Steiff. Durch die Hochzeit wird Friedrich zum Meister. Neun Monate später wird Margaretes älteste Schwester Marie geboren.

Eine Ehe in der damaligen Zeit hat vor allem die Aufgabe, die Familie zu versorgen. Liebe ist noch kein Thema. Ehe und Familie sichern die Existenz. Jeder muss bei der Versorgung mithelfen – auch die Kinder! Man muss sparsam und fleißig sein.

Dabei wird streng zwischen den Aufgaben der Frauen und den Aufgaben der Männer unterschieden. Männer lernen den Beruf des Vaters und sorgen für das Einkommen. Frauen organisieren den Alltag im Haus und kümmern sich um die Kinder und ältere Verwandte. Außerdem versorgen sie den Garten und die Tiere. Sie kochen, waschen die Wäsche, putzen und nähen die Kleidung. Sie arbeiten sogar in den Werkstätten ihrer Männer mit. Wählen dürfen sie damals aber noch nicht. Sie sind ihren Ehemännern rechtlich unterstellt und müssen ihren Anweisungen folgen.

Die Erfahrungen ihrer ersten Ehe belasten Maria. Sie flüchtet sich in die Arbeit und in den Glauben an Gott. Sie ist streng, humorlos und ohne Freude. Sie hat viel Stress und oft schlechte Laune. Außerdem muss sie ihre Tochter jeden Tag versorgen – auch noch als Margarete groß ist. Sie zieht sie morgens an, hebt sie aus dem Bett und trägt sie umher. Sie flechtet Margaretes Haare und setzt sie auf den Abortstuhl[7]. Für mehr Zuwendung bleibt nur wenig Zeit. Deswegen ist die lebensfrohe Margarete oft bei ihren Großeltern, der Familie Hähnle: In deren Gasthaus „Zur Kanne" wird sie mit leckerem Essen verwöhnt.

[6]**der Geselle:** ein Handwerker, der seine Ausbildung mit einer Prüfung beendet hat

[7]**der Abortstuhl:** mobile Toilette, die man leeren muss (die richtige Toilette des Hauses war damals draußen im Hof)

Margarete steht gern im Mittelpunkt

Bei den Großeltern ist gute Stimmung und Margarete darf laut und frech sein. Aus dem Fenster kann sie den Schäfern bei der Arbeit zuschauen. Außerdem erzählt ihre Oma immer spannende Geschichten. Auch wenn Margarete nicht laufen kann: Die Abenteuer der Geschichten kann sie alle erleben.

Auch zu Hause mag Margarete den Blick aus dem Fenster. Noch lieber ist sie aber draußen vor dem Haus. Sie will hinaus getragen werden, obwohl es dort oft kalt wird. Sie wird dann in einen Leiterwagen[8] gesetzt und kann das Leben in der kleinen Straße miterleben. Dort gibt es viele Werkstätten, einen Metzger[9], einen Schuhmacher[10], einen Gerber[11] und einen Müller[12]. Margarete spricht mit den Nachbarn, streichelt die Tiere und spielt mit den Kindern.

Margarete kann zwar nicht toben, aber sehr gut Geschichten erzählen. Sie gibt den anderen Kindern die Spiele vor, sodass sich alle um ihren Leiterwagen versammeln. Margarete steht dann im Mittelpunkt und gibt die Kommandos. Manchmal klappt es aber nicht und alle rennen davon. Oft werden die kleinen Kinder der Nachbarn zu ihr in den Leiterwagen gesetzt und Margarete muss auf sie aufpassen. Auch ihnen erzählt sie oft Geschichten.

Während Margaretes Kindheit kennen nur die reichen Kinder Spielzeug. Die meisten Kinder sind aber arm. Sie teilen sich mit vielen Geschwistern ein Zimmer ohne Heizung. Sie müssen jeden Tag auf den Feldern und in den Werkstätten der Eltern arbeiten. Es gibt damals noch keine Gesetze dagegen. Das Spiel der Kinder findet auf den Straßen statt, auf dem Weg nach Hause. Dann sind sie frei und dürfen rennen und springen.

[8]**der Leiterwagen:** Wagen aus Holz, den man mit der Hand zieht
[9]**der Metzger:** jmd., der Tiere tötet und dann das Fleisch verkauft
[10]**der Schuhmacher:** jmd., der Schuhe macht und repariert
[11]**der Gerber:** jmd., der aus der Haut von Tieren Leder macht
[12]**der Müller:** jmd., der aus Getreide (z.B. Weizen) Mehl macht

Margaretes einziges Spielzeug ist eine kleine Schachtel voller Knöpfe. Auch sie muss täglich mitarbeiten: Ihre Aufgabe ist es zu häkeln[13]. Ihre Hände sind aber schwach, deswegen ist sie viel langsamer als ihre Schwestern. Margarete mag das Häkeln nicht. Viel lieber passt sie draußen im Leiterwagen auf die kleinen Kinder der Nachbarn auf.

Ihr liebster Nachbar nimmt sie manchmal mit aufs Feld. 1855 fallen Margarete, Fritz und die beiden großen Schwestern Marie und Pauline dabei in die Brenz. So heißt der Fluss, der durch ihre Heimatstadt Giengen fließt. Pferd und Wagen rutschen am Ufer ab. Die Kinder werden schnell aus dem Wasser gefischt, aber es ist eine gefährliche Situation. Aber Margarete hat keine Angst. Sie ist ein mutiges und gesundes Kind, auch wenn sie nicht laufen kann.

Große Hoffnung auf Heilung

Margaretes Eltern versuchen alles, um ihre Lähmung zu heilen[14]. Deswegen ist Margarete oft beim Arzt. 1856 wird sie an den Beinen operiert. Im Anschluss wohnt sie mit anderen Kindern bei der Familie ihres Arztes in Ludwigsburg. Dr. Werner hatte dort 1841 eine Kinderheilanstalt gegründet. In einer Kinderheilanstalt werden Kinder mit körperlichen und geistigen Krankheiten behandelt. Margaretes Operation und ihre Kur sind so teuer, dass ihre Eltern dafür von einer Stiftung Geld bekommen müssen.

Margarete hat dort mehr Freiheiten als zu Hause: Sie darf zum Beispiel über den Boden kriechen, um sich fortzubewegen. Man schimpft auch nicht mit ihr, wenn ihre Kleidung schmutzig wird. Außerdem lernt sie andere Kinder mit Behinderungen kennen.

Herr Dr. Werner ist ein sehr liebevoller Arzt. Er spielt mit den Kindern. Er hat einen Mantel, der innen aus schwarzem Pelz[15] ist. Manchmal zieht er ihn falsch herum an. Dann spielt er einen

[13]**häkeln:** mit einer speziellen Nadel einen Faden verknoten, sodass ein Kleidungsstück entsteht
[14]**heilen:** gesund machen
[15]**der Pelz:** Fell / Haar von Tieren, das man zu Kleidung macht

Bären und läuft mit einem Kind auf dem Rücken auf allen Vieren durch die Wohnung. Dabei wird viel gelacht. Die älteste Tochter des Arztes, Maria Werner, bringt Margarete Englisch bei und zeigt ihr Bücher mit Bildern von exotischen Tieren aus aller Welt.
Margarete reist während ihrer Kur für einige Zeit nach Wildbad. Dort kann sie mit den anderen Kindern baden und sich viel an der frischen Luft bewegen. Sie und die anderen Kinder sollen stärker werden. Es gibt leckeres Essen und es wird gemeinsam gebetet. An ihrem operierten Bein hat Margarete Schienen aus Metall.
Die Lähmung ihrer Beine wird allerdings nicht besser. Im folgenden Sommer kommt Margarete wieder zu Dr. Werner. Sie erlebt noch einmal eine glückliche Zeit. Aber auch nach ihrem zweiten Aufenthalt, ist sie immer noch gelähmt. Die Zeit in Ludwigsburg und Wildbad ist trotzdem sehr wichtig für Margaretes Leben. Sie hat Schulunterricht, lernt neue Geschichten kennen und sogar etwas Englisch. Sie erlebt, wie schön es ist, wenn Kinder frech und frei sein dürfen. Außerdem lernt sie selbstbewusst mit ihrer Behinderung umzugehen. Zum Glück darf sie den Rollstuhl behalten: Jetzt muss sie zu Hause nicht mehr so oft getragen werden.

Margarete lernt nähen

Margarete hat mehr erlebt als jedes andere Kind in Giengen. Aber als sie dort wieder zur Schule geht, muss sie vieles nachholen. Das ist für sie nicht schlimm, denn Lernen mag sie viel lieber als Häkeln. Sie ist bald wieder die Beste in ihrer Klasse. Ihre Geschwister oder die anderen Kinder schieben sie mit ihrem Rollstuhl zur Schule. Das ist gar nicht so einfach, denn die Straßen sind sehr steinig. In Giengen darf Margarete nicht selbst die Treppe hinauf zu ihrem Klassenzimmer kriechen. Das gilt als unfein. Sie muss warten, bis eine Erwachsene sie nach oben trägt.

Der Schulunterricht ist damals sehr streng. Wenn die Kinder nicht brav sind, werden sie geschlagen. Es war üblich, Schläge mit einem Stock auf die flache Hand oder auf den Hintern zu bekommen oder auch an den Ohren oder Haaren gezogen zu werden.
Margarete ist als Kind nicht so brav wie ihre Schwestern. Vor allem wenn ihre Mutter mit ihrer Häkelarbeit unzufrieden ist, wird sie trotzig[16]. Wahrscheinlich schlägt ihre Mutter sie dann auch, um sich durchzusetzen.
Mit 12 Jahren besucht Margarete nach dem Schulunterricht die Nähschule[17]. Das will sie unbedingt machen! Obwohl ihr alle wegen ihres schwachen Armes davon abraten. Beim Nähen tut ihr tatsächlich schnell der rechte Arm weh und ihre linke Hand ist ungeschickt. Sie ist oft frustriert, denn ihre Schwestern nähen schöne Sachen, aber sie schafft es nicht. Da wird sie manchmal wütend oder traurig. Doch Margarete gibt nicht auf: Sie erträgt die Schmerzen und wird besser. Häkeln mag sie immer noch nicht. Aber das Nähen von Kleidern findet sie spannend, weil sie sich für Mode interessiert. Sie lernt, sich nicht mit den anderen Mädchen zu vergleichen. Sie wird ruhiger und geduldiger. Vor allem nachdem sie einen Unfall hat: Die Kinder rasen oft mir ihr und dem Rollstuhl einen Berg herunter. Das mag Margarete sehr. Aber als sie einmal stürzt, hat sie ein gebrochenes Bein und schlimme Schmerzen. Danach wird sie vorsichtiger.

Was wird aus Margarete werden?

Nach Ende der Schulzeit werden Margaretes große Schwestern nacheinander Dienstmädchen. Dienstmädchen machen in reichen Familien die Hausarbeit und bekommen dafür etwas Geld. Sie haben lange Arbeitstage, kochen, putzen, waschen, nähen und passen auf die Kinder auf. Sie leben bei der fremden Familie und

[16]**trotzig sein:** nicht das machen, was jmd. anderes möchte
[17]**die Nähschule:** eine Schule, in der damals Mädchen das Nähen, Stricken und Häkeln lernen

sparen auf ihre Aussteuer[18], sodass sie irgendwann heiraten können. Marie und Pauline sind da erst 14 Jahre alt.

Dienstmädchen leisten harte Arbeit. Das kann Margarete nicht. Sie bleibt mit ihrem Bruder Fritz und der Mutter zu Hause zurück. Als sie mit der Schule und der Nähschule fertig ist, wird sie Näherin[19]. Zuerst bei ihrer Tante Apollonia: Sie bekommt ein Gehalt und näht die Aussteuer von Apollonias Kindern. Danach arbeitet sie für die Aussteuer einer anderen Familie und näht Bettwäsche, Unterwäsche, Tischdecken und vieles mehr.

Margaretes Tante Apollonia ist sehr wichtig für Margarete. Sie ist ihre Patentante, das heißt, sie kümmert sich schon seit Margaretes Kindheit um sie. Außerdem ist Apollonias Tochter, Marie Hähnle, eine gute Freundin von Margarete.

Die Filzfabrik der Brüder Hähnle

Bunter Filzstoff

Die älteren Geschwister von Marie Hähnle gründen eine Filzfabrik[20]. Filz ist ein Stoff, der damals noch nicht für Kleidung genutzt wird. Er ist aus Wolle und muss nicht gewebt[21] werden. Das Weben braucht viel Zeit: Mit einem Spinnrad macht man aus Wolle einen Faden, das nennt man spinnen. Dieser Faden muss dann geflochten werden. Dafür gibt es Maschinen, sie heißen Webstühle. Filz zu produzieren, ist aber viel einfacher: Die Wolle wird gekämmt und gepresst. Das geht schnell und man braucht nicht viele Arbeiter.

[18]**die Aussteuer:** früher: Geld und Waren, die man braucht, um heiraten zu dürfen. Es ist wichtig, dass die Aussteuer besonders schön und viel ist, dann hat man bessere Chancen
[19]**die Näherin:** eine Frau, die Kleidung näht oder ausbessert und dafür Geld bekommt
[20]**die Filzfabrik:** eine Fabrik, in der Filz hergestellt wird
[21]**weben:** aus einem Wollfaden einen Stoff flechten

Margarete interessiert sich sehr für die Filzfabrik. Ein neues Unternehmen ist ein großes Risiko. Filz ist zuerst nicht sehr beliebt. Der Stoff ist sehr rau. Aber die Brüder Hähnle können den Filz immer besser machen. Es dauert trotzdem einige Jahre, bis sie erfolgreich sind. Die ganze Familie Hähnle hilft dabei mit. Margarete bewundert ihren Mut und ihre Ausdauer. Vielleicht denkt sie

Zither aus dem 19. Jahrhundert

damals schon darüber nach, wie es wäre, wenn sie auch ein eigenes Unternehmen hätte.

In dieser Zeit lernt Margarete die Zither zu spielen. Eine Zither ist ein Instrument, das man mit den Fingern zupft. Meist werden dazu Lieder gesungen. Margarete hat große Freude daran. Aber sie will mit dem Spiel der Zither auch ihre Hände stärken. Als sie die Zither gut spielen kann, bringt sie es auch anderen bei. Sie kauft Noten, gibt Unterricht im Zither-Spielen und bekommt dafür Geld. Damals versucht sie, so viel Geld zu verdienen wie möglich.

Die Schwestern Steiff eröffnen ein Geschäft

Als 1862 ein Gesetz geändert wird, kann endlich jeder ein Unternehmen gründen. Die strengen Regeln der Zunft gelten nicht mehr. Im selben Jahr eröffnen Margaretes Schwestern im Haus der Eltern eine Damenschneiderei[22]. Hier nähen Marie, Pauline und auch Margarete Kleidung für Frauen und Kinder. Pauline macht außerdem Hüte.

Sie arbeiten aber auch an der Aussteuer der beiden älteren Schwestern. Die beiden dürfen nun zum Tanzen gehen. Sie sind mit 19 oder 20 Jahren alt genug, um Männer kennenlernen zu dürfen. Das ist wichtig, damit sie später heiraten können. Beim Nähen sprechen sie sicher darüber, welche Männer sie mögen.

Damals entsteht ein schönes Foto von Margarete. Es wird im Studio eines Fotografen aufgenommen. Es zeigt, wie hübsch Margarete ist. Sie trägt ein modisches Kleid, darunter ein Korsett. Ein Korsett schnürt den Körper ein, sodass Taille und Busen besser zu sehen sind. Ein solches Bild kann zu dieser Zeit ein Geschenk für einen Bräutigam[23] sein. Den Rollstuhl sieht man darauf nicht.

Auf allen späteren Fotos trägt Margarete schwarz. Sie näht und verkauft zwar modische Kleidung, aber trägt sie nicht mehr selbst.

[22] **die Damenschneiderei:** Werkstatt, in der Kleider für Frauen genäht und verkauft werden

[23] **der Bräutigam:** Mann, den man bald heiraten wird

Margarete trifft in dieser Zeit eine Entscheidung. Sie will nicht mehr auf Heilung hoffen. Sie will Ruhe finden. Mit 17 Jahren akzeptiert sie ihr Schicksal: Eine Frau, die im Rollstuhl sitzt, ist keine nützliche Ehefrau.

Margarete kann nur mit den Händen arbeiten. Also beschließt sie, dass sie darin richtig gut werden will. Sie geht neben der Arbeit wieder zur Nähschule. Sie will immer Neues lernen und besucht die Schule noch viele Jahre. Sie mag das gemeinsame Nähen dort. Dabei erzählt sie den anderen Frauen gerne Geschichten oder singt Lieder.

Die junge Margarete Steiff

Ein Leben geprägt von Mut und Arbeit

1868 kaufen die drei Schwestern ihre erste Nähmaschine. Nähmaschinen sind erst vor Kurzem erfunden worden. In Giengen hat noch niemand eine Nähmaschine. Das Nähen geht nun viel schneller. Außerdem näht eine Nähmaschine viel ordentlicher. Deswegen kommen immer mehr Kundinnen in die Damenschneiderei. Man muss die Nähmaschine mit der Hand antreiben. Leider ist Margaretes rechte Hand dafür zu schwach. Sie findet aber heraus, dass sie die Nähmaschine umdrehen kann. Mit der linken Hand klappt es gut. Sie näht die Stoffe also falsch herum, was sehr schwierig ist.

Im Jahr 1871 gewinnt Deutschland den Krieg gegen Frankreich. Der französische Kaiser Napoleon III. wird festgenommen und Wilhelm I. zum deutschen Kaiser ernannt. Deswegen bekommt Deutschland Geld von Frankreich. Das ist gut für die deutsche Wirtschaft.

Nach Ende dieses Krieges können Marie und Pauline heiraten. Ihre Bräutigame waren als Soldaten im Krieg und kommen endlich wieder nach Hause. Von nun an führt Margarete die Damenschneiderei alleine weiter. Sie spezialisiert sich auf Kleidung für Kinder. Die einzelnen Teile aus Stoff sind für Kinder kleiner. Margarete kann besser damit arbeiten. Es sind immer viele Freundinnen um sie herum, sie ist nicht einsam.

Eine besondere Frau lebt ein besonderes Leben

Margarete ist mittlerweile 26 Jahre alt. Ihre Leidenschaft ist das Reisen. Das ist damals etwas Besonderes für Frauen. Sie besucht oft Verwandte und Freunde. Sie reist nach Stuttgart und schaut sich das Leben in der großen Stadt an. Vielleicht besucht sie dort auch den Tiergarten und betrachtet wilde Tiere aus aller Welt.

Später macht sie auch Geschäftsreisen[24]. Wegen ihres Rollstuhls ist das manchmal schwierig. Man muss sie aus der Kutsche oder der Eisenbahn heben und in den Rollstuhl setzen. An jeder Tür, Treppe oder Stufe braucht sie Hilfe. Margarete lernt, diese Hilfe höflich anzunehmen. Dabei kommt sie sich oft frech[25] vor. Eine Frau soll damals anderen dienen, nicht bedient werden. Aber Margarete ist ihre Freiheit wichtiger. Außerdem mag sie es gern, sich schnell vorwärts zu bewegen, zum Beispiel mit der Eisenbahn.
Margarete baut ihr Unternehmen weiter aus. Sie benutzt den Filzstoff der Gebrüder Hähnle und näht daraus Kleidung, Kissen und anderes. Sie hat einen Plan: Sie will nicht mehr warten, bis eine Kundin mit einem Auftrag zu ihr kommt. Sie will Kleidung auf Vorrat nähen und für diese Kleidung dann die richtigen Kunden suchen. Das ist zu dieser Zeit eine neue Idee.
Zu ihrem 27. Geburtstag bekommt Margarete ein besonderes Geschenk von ihrem Vater: Er verkündet, dass er das Haus für sie umbauen will. Margarete bekommt ein eigenes Zimmer und eine große Werkstatt. Sie bekommt außerdem ein Eckfenster, weil sie gerne nach draußen schaut. Es gibt nun mehr Platz für den Rollstuhl: Die Eingangstür wird verbreitert und die Stufe weggemacht.

Margaretes eigenes Unternehmen

Im März 1877 eröffnet Margarete ihr „Filzkonfektionsgeschäft". Sie ist fast 30 Jahre alt. In diesem Geschäft verkauft sie Kleidung und Dekorationen aus Filz. Konfektion bedeutet, dass die Kleidung nun nach festen Größen genäht wird. Margarete näht einen Vorrat und die Kundinnen suchen etwas aus. Es wird nicht mehr „nach Maß" geschneidert[26].

[24]**die Geschäftsreise:** eine Reise, auf der man neue Kontakte knüpft, seine Waren zeigt und verkauft
[25]**frech:** hier: auffallend selbstbewusst und fordernd
[26]**nach Maß schneidern:** Kleidung individuell herstellen, indem der Körper einer Person ausgemessen wird, sodass die Kleidung ganz genau passt

Filzstoff wird immer beliebter. Der Stoff ist sehr haltbar und außerdem billig. Kinderkleidung näht Margarete besonders gern. Damals sieht die Kleidung für Kinder genauso aus wie die für Erwachsene. Deswegen müssen Kinder immer besonders gut darauf aufpassen. Margarete aber näht Kleidung, die nicht so schnell kaputt geht. Man kann sie auch mal schmutzig machen. Die Kinder können sich darin frei bewegen.

Das Geschäft läuft so gut, dass Margarete bald Näherinnen anstellen kann. Sie näht aber trotzdem noch manchmal für die Familie und ihre Freunde.

Bald konzentriert sie sich auf ihre Aufgaben als Unternehmerin[27]: Sie knüpft Kontakte und verkauft den Filzstoff der Brüder Hähnle weiter. Im Gegenzug sind die Brüder Großkunden von Margaretes Filzkleidung. Das heißt: Sie kaufen viele ihrer Waren und verkaufen sie weiter. Einen weiteren Großkunden hat Margarete in Stuttgart. Für diesen näht sie Unterröcke[28]. Margarete Steiff ist in Giengen nun sehr angesehen. Sie führt ein selbstständiges Leben und überrascht viele damit.

Das erste Spieltier erobert Kinderherzen

Trotz des Erfolgs ist das Wichtigste für Margarete ihre Familie. Die Kinder ihres kleinen Bruders Fritz spielen oft in ihrer Werkstatt. Sie spielen mit dem Filz und hören Margaretes Geschichten zu. Margarete hat immer eine gute Beziehung zu ihnen.

Als Margarete in einer Zeitschrift ein Muster[29] für einen Elefanten entdeckt, hat sie eine Idee. Sie näht einen Elefanten aus Filz und stopft ihn mit Wolle aus[30]. Sie verschenkt den Elefanten an die Kinder in ihrer Familie.

[27]**die Unternehmerin:** eine Frau, die ein Unternehmen führt und Angestellte hat
[28]**der Unterrock:** warmes Kleidungsstück, das von Frauen unter dem Rock getragen wird
[29]**das Muster:** Vorlage, die genau erklärt, wie man etwas näht und wie es aussehen soll, wenn es fertig ist
[30]**etwas ausstopfen:** mit einem Stoff füllen.

Möglicherweise verschenkt sie den ersten Elefanten aber auch als Nadelkissen[31].

Elefäntle

Die Kinder mögen das „Elefäntle"[32] jedenfalls sehr. Sie spielen mit ihm. Deswegen näht Margarete bald verschiedene Größen, um sie zu verkaufen. Für die Elefanten kann sie Filzreste aus ihrer Werkstatt benutzen. Die Familie Hähnle bestellt 1880 fünf Elefanten bei Margarete.

Margarete nimmt die Spieltiere in ihren Katalog[33] für ihre Kundinnen auf. Neue Tiere kommen hinzu: ein Esel, ein Affe, ein Kamel und ein Pferd. Im Katalog steht, dass die Tiere ungefährlich sind, Kinder können sich nicht daran verletzen. Außerdem können sie nicht kaputtgehen. Die Tiere sollen auch beweglich sein: Es gibt Gestelle mit Rädern zu kaufen, auf die man die Tiere stellen kann. Sie sind aus Holz oder Metall. Damit können die Kinder die Tiere ziehen oder schieben. Margaretes Spieltiere haben also Räder wie sie selbst. Man kann mit ihnen einen Berg hinunter rasen. Auf die großen Tiere können sich die Kinder sogar draufsetzen.

[31]**das Nadelkissen:** ein kleines Kissen aus Stoff oder Filz, in das man Nadeln steckt, wenn man sie nicht mehr braucht
[32]**das Elefäntle:** Schwäbisch: kleiner Elefant
[33]**der Katalog:** ein Heft mit allen Waren und ihren Preisen

Margaretes Erfolg wächst weiter

Von Jahr zu Jahr verkauft Margarete mehr Spieltiere. 1888 sind es 2488 Elefanten, außerdem viele andere Tiere. Die Werkstatt in ihrem Elternhaus wird zu klein. Im selben Jahr übernimmt ihr Bruder Fritz das Bauunternehmen ihres Vaters Friedrich. Der alte Baumeister Steiff leiht seiner Tochter Geld: Ihr Bruder Fritz soll ihr eine „Filz-Spielwaren-Fabrik" bauen. Als diese fertig ist, muss Margarete dorthin umziehen. Sie wohnt nun nicht mehr in der engen Altstadt. Leider erlebt ihre Mutter Maria die Eröffnung nicht mehr. Sie stirbt im Dezember 1889.

Das neue Haus ist behindertengerecht[34] und hat viel Platz. Nur den Bau einer großen Rampe – geplant als langer Weg aus Holz, der bis ins erste Stockwerk führt – lehnt die Stadt zuerst ab. Dort hat Margarete ihre Wohnung. Im Erdgeschoss ist ihr Laden.

Margarete kann neue Näherinnen einstellen. Sie lernt jede Näherin persönlich kennen, bevor sie entscheidet, wer für sie arbeiten darf. Oft sind es Frauen aus ihrer Familie oder aus der Gegend. Sie sind alle nicht verheiratet oder ihr Ehemann ist bereits gestorben. Oft sind sie arm. Margarete bringt den Neuen die Herstellung der Spieltiere bei. Wenn sie Probleme haben, kümmert sie sich um sie. Zum Beispiel leiht oder schenkt sie ihnen Geld. Außerdem näht Margarete die Muster für neue Waren.

Seit 1892 lautet das Motto der Firma Steiff: „Für Kinder ist nur das Beste gut genug." Im Steiff-Katalog desselben Jahres gibt es zum ersten Mal Bären. Außerdem zeigt Margarete in diesem Katalog neue Stoffe wie Samt und Wolle. Margaretes Schwester Pauline steigt ins Unternehmen ein. Sie ist mittlerweile Witwe[35]. Sie näht die ersten Steiff-Puppen aus Filz. Spielwaren sind mittlerweile das wichtigste Produkt. Die Produktion ist sehr effizient: Es können nun 1000 und mehr Stücke in einer Woche genäht werden.

[34]**behindertengerecht:** es gibt keine Stufen und genügend Platz für Margaretes Rollstuhl; sie kann sich selbstständig überallhin bewegen
[35]**die Witwe:** Frau, deren Ehemann gestorben ist

Als Margarete 46 Jahre alt ist, arbeiten schon 14 Näherinnen für sie: vier arbeiten in der Fabrik, zehn in Heimarbeit[36]. Ihr Unternehmen wird nun offiziell ins Handelsregister[37] eingetragen - als „Margarete Steiff, Filzspielwarenfabrik Giengen / Brenz". Das ist ein großer Erfolg.

1894 verkauft die Firma Steiff zum ersten Mal Spieltiere auf der Spielwarenmesse[38] in Leipzig. Auf der Messe können Verkäufer aus der ganzen Welt Margaretes Spieltiere kaufen und dann in ihren Läden ausstellen und weiterverkaufen. Im selben Jahr im August stirbt Margaretes Vater.

Das Unternehmen wächst weiter. 1897 hat Margarete bereits 40 Näherinnen. Sie sorgt dafür, dass die Söhne ihres Bruders Fritz Berufe lernen, die sie im Unternehmen gut gebrauchen kann. Die Kinder, die früher in ihrer Werkstatt gespielt haben, sind jetzt erwachsen. Sie lernen Englisch und Französisch, denn Margarete macht jetzt internationale Geschäfte. Sie hat Kontakte nach London und New York. Nun hilft es ihr, dass sie damals in Ludwigsburg etwas Englisch gelernt hat. Sie macht einen Vertrag mit einer Firma, die alle wichtigen Spielwaren-Produzenten in der ganzen Welt vertritt.

Margarete Steiff

[36]**die Heimarbeit:** Arbeit, die nicht im Unternehmen, sondern in der eigenen Wohnung ausgeführt wird
[37]**das Handelsregister:** öffentliches Verzeichnis von Unternehmen
[38]**die Spielwarenmesse:** Veranstaltung, bei der sich Produzenten und Verkäufer von Spielwaren aus aller Welt treffen

Margaretes Neffen steigen in die Firma ein

Richard Steiff

Ihr Neffe[39] Richard Steiff arbeitet als Erster mit: Mit 20 Jahren übernimmt er die Aufgabe, neue Spieltiere zu entwerfen. Er kann gut zeichnen. Seine Brüder Paul und Franz Steiff folgen bald. Paul kümmert sich um die Qualität der Muster. Er besitzt das erste Auto in Giengen. Sein Bruder Franz kauft die Stoffe ein. Margarete schafft es 1899 zum ersten Mal, einige ihrer Spieltiere rechtlich schützen zu lassen.
Die Fabrik wird bald schon wieder zu klein. Sie braucht dringend eine Packerei. In einer Packerei werden Waren eingepackt, damit sie mit der Post oder der Eisenbahn zu den Kunden gebracht werden können. Margarete stellt einen Antrag für einen neuen Bau. Außerdem kämpft sie noch immer darum, eine Rampe bauen zu dürfen. Diese braucht sie für ihren Rollstuhl, aber auch für den Transport von Waren. Die Rampe wird Margarete bald bewilligt.
Für die neue Fabrik entwirft Richard Steiff ein modernes Gebäude aus Glas und Stahl. Es soll schnell gebaut werden und viel Licht für die Näherinnen hineinlassen. Außerdem soll es stabil sein und lange halten. Margarete kauft die Grundstücke und leiht sich Geld. Der erste Glasbau wird 1903 fertig und ist etwas ganz Besonderes. Noch nie zuvor hat man mit so viel Glas gebaut. Es ist das erste moderne Fabrikgebäude in Deutschland. Viele Fabriken sehen später ähnlich aus, aber 1903 ist die Gestaltung einzigartig. Margarete musste sehr darum kämpfen, es bauen zu dürfen.

[39] **der Neffe:** der Sohn des Bruders oder der Schwester

Die Firma Steiff im Jahr 1905

Die Erlaubnis wurde ihr schließlich gegeben, aber nur auf ihr eigenes Risiko. Wäre etwas Schlimmes passiert, wäre Margarete alleine verantwortlich gewesen. Man hatte vor allem Angst, dass die Arbeiterinnen und Arbeiter blind werden könnten. Tatsächlich war es im Sommer sehr hell und warm im Glasbau. Dann wurde das Glas mit weißer Farbe gestrichen. Im Herbst wurde die Farbe wieder abgewaschen.

Der Teddybär macht die Firma Steiff berühmt

Bär PB 55

Im selben Jahr wird der „Bär PB 55" auf der Messe in Leipzig vorgestellt. Der „Bär PB 55" war ein 55 cm großer Bär, der aus Plüsch (P) genäht wurde und dessen Arme und Beine beweglich (B) waren. Richard Steiff hat ihn entworfen. Zuvor hat er die Bären im Tiergarten in Stuttgart beobachtet und gezeichnet. Der Bär wird auf der

Messe kaum beachtet. Fast alle Kisten mit den Bären sind bereits verschlossen, als sich doch noch jemand für sie interessiert. Ein Käufer aus den USA bestellt gleich 3000 Stück. Dort sind Bären gerade wegen des Präsidenten Theodore „Teddy" Roosevelt sehr beliebt.

1904 gewinnen Margarete und Richard Steiff einen Preis für ihren Teddybären. Die Fabrik expandiert weiter: Im selben Jahr entsteht ein zweiter Glasbau. Die Fabrik vergrößert sich um 6840 Quadratmeter. Die Näherinnen arbeiten in den modernsten Gebäuden der damaligen Zeit. Außerdem kommen noch mehr Näherinnen in der Heimarbeit hinzu. Ein großes Lager wird eingerichtet.

Später in diesem Jahr fällt Margarete in Giengen auf, weil sie mit ihren Neffen Motorrad fährt. Ihre Neffen Paul und Otto haben ein Motorrad, das an der Seite einen Wagen hat. In diesem Wagen sitzt Margarete. Sie mag die schnellen Fahrten und ist danach voller Staub. Aber das macht ihr nichts aus.

Das Unternehmen wird zur Steiff GmbH

Am 30. Mai 1906 wird Margaretes Unternehmen als „Steiff GmbH" eingetragen. Inhaber sind Margarete und ihre Neffen Richard, Paul und Franz. Die Steiff GmbH hat zu diesem Zeitpunkt ungefähr 400 feste Mitarbeiter und 1800 Heimarbeiter. Das Unternehmen hat ein Kapital[40] von 420000 Mark. Im selben Jahr werden 385393 Bären verkauft. Außerdem macht Margarete ihr Testament[41]. Sie ist 59 Jahre alt.

1907 werden besonders viele Bären verkauft – es geht als „Bärenjahr" in die Geschichte der Firma ein. Margaretes Neffe Franz übernimmt den Aufbau neuer Filialen[42] in Nachbarstädten. Die meisten Bären werden in die USA verkauft. Aber auch in Deutschland wird der Teddy immer beliebter. Das ist gut, denn 1907 gibt es

[40]**das Kapital:** Vermögen und Wert eines Unternehmens
[41]**das Testament:** ein Dokument, das den letzten Willen einer Person nach deren Tod enthält
[42]**die Filiale:** weitere Fabriken und Werkstätten an anderen Orten

eine Krise in den USA und die Verkäufe werden weniger. Der wachsende Verkauf in Deutschland kann den Verlust etwas ausgleichen. Deswegen wird 1908 ein dritter Glasbau gebaut. Es kommen weitere 6120 Quadratmeter Arbeitsfläche hinzu. Margarete macht eine Erholungsreise. Richard Steiff entwickelt den ersten Flugdrachen, genannt „Roloplan". Das Besondere ist, dass man ihn vom Boden aus lenken kann.

Margarete ist nun über 60 Jahre alt, was damals schon ein hohes Alter ist. Sie fühlt sich gesund und arbeitet weiter an Mustern für neue Steiff-Tiere. Sie ist gerne in der Fabrik, denn zu Hause ist es ihr zu langweilig. Sie hat ein mutiges Leben geführt und ist sehr erfolgreich. Sie hat diesen Erfolg immer mit allen geteilt: mit ihrer Familie, ihren Freunden und mit ihren Mitarbeitern.

Margarete Steiff am Schreibtisch

Sie ist die erste Frau, die ein Unternehmen im Handelsregister eintragen ließ. Sie hat mutige Ideen gefördert: den Entwurf des Bären PB 55, den Rolo-Plan und die Entwürfe für den ersten Glasbau. Sie hat ihre Nichte dabei unterstützt, Fahrrad zu fahren, obwohl es für Frauen als „unfein" galt. Und: Sie hat mit ihren Spieltieren ein neues Spielzeug erfunden, das bis heute sehr viele Kinder glücklich macht und den berühmten „Knopf im Ohr" für das Original der Firma Steiff trägt.

Im Frühjahr 1909 bekommt sie plötzlich eine schwere Lungenentzündung[43] und muss im Bett bleiben. Das ist sehr ungewöhnlich für sie. Zwei Wochen später, am 9. Mai stirbt Margarete Steiff. In Giengen werden die Fahnen auf Halbmast gezogen[44]. Das bedeutet, dass die Gemeinschaft der Menschen in Giengen um sie trauert.

[43]**die Lungenentzündung:** Krankheit, bei der sich die Lunge entzündet, sodass man nicht mehr gut atmen kann

[44]**die Fahnen auf Halbmast:** heruntergezogene Fahnen, mit denen eine Stadt oder ein Staat zeigt, dass etwas Schlimmes passiert ist und man gemeinsam trauert

Übungen zum Leseverstehen

1. Was mochte Margarete Steiff (✓) und was mochte sie nicht (×)? Kreuze an.

	✓	×
a) singen	☐	☐
b) reisen	☐	☐
c) nähen	☐	☐
d) spielen	☐	☐
e) Geschichten erzählen	☐	☐
f) häkeln	☐	☐
g) Kinder	☐	☐
h) für immer auf Heilung hoffen	☐	☐
i) die Zither spielen	☐	☐
j) brav sein	☐	☐
k) schnell fahren	☐	☐
l) aufgeben	☐	☐
m) helfen	☐	☐
n) lernen	☐	☐
o) Mode	☐	☐

2. Mit welchen Verkehrsmitteln hat Margarete in ihrem Leben Ausflüge gemacht oder ist verreist? Kreuze an.

a) Eisenbahn ☐
b) Fahrrad ☐
c) Motorrad ☐
d) Leiterwagen ☐
e) Flugzeug ☐
f) Automobil ☐
g) Kutsche ☐

3. **Wie entsteht gewebter Stoff? Bringe die Bilder in die richtige Reihenfolge.**

A ☐ B ☐ C ☐ D ☐ E ☐

4. **Wie entsteht Filz? Bringe die Bilder in die richtige Reihenfolge.**

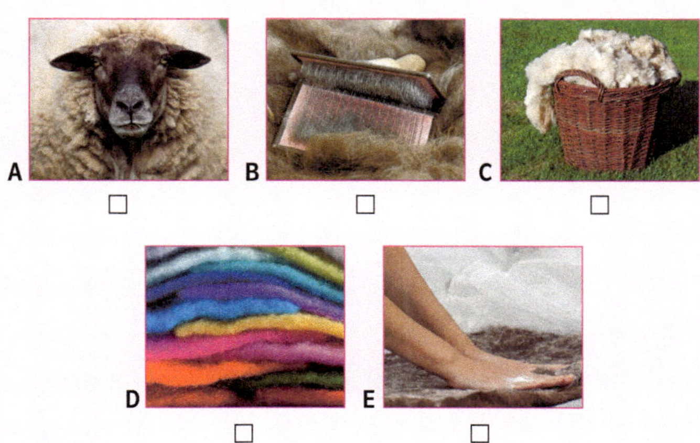

A ☐ B ☐ C ☐ D ☐ E ☐

5. Bringe die folgenden Erfolge aus Margarete Steiffs Leben in die richtige Reihenfolge.

a) der Steiff-Bär
b) eine alte mechanische Nähmaschine
c) ein Leiterwagen
d) der Glasbau I + II
e) eine Zither
f) das „Elefäntle"
g) ein Motorrad mit Seitenwagen
h) die Firma „Steiff GmbH"

Stofftiere als Spielzeug

Die Spieltiere der Firma Steiff sind noch heute auf der ganzen Welt bekannt. Die Steiff GmbH ist ein international erfolgreiches Unternehmen. Noch immer spielen viele Kinder mit dem Steiff-Teddy und mit anderen Tieren mit dem berühmten „Knopf im Ohr".

Das Logo der Marke Steiff

Es gibt außerdem viele Liebhaber und Sammler. Ein Sammler kauft alte Steiff-Tiere und hat eine eigene kleine (oder sogar große) Ausstellung. Sammler spielen nicht mit den Tieren, sondern präsentieren sie oder handeln damit. Besonders beliebt sind Steiff-Tiere, die sehr selten oder sehr alt sind. Diese „Sammler-Stücke" sind dann richtig teuer. Sie können viele tausend Euro kosten. 2002 gibt es einen Rekord: Ein Sammler bezahlt für einen Steiff-Teddy von 1926 ganze 156 240 Euro.

Aber warum wird für ein altes Spieltier von Steiff so viel Geld bezahlt? Was macht die Steiff-Tiere zu etwas Besonderem? Es gibt mittlerweile unzählige Stofftiere von anderen Herstellern. Aber die Umsätze der Firma Steiff zeigen, dass sie noch immer sehr erfolgreich ist. Anders als andere Stofftiere haben die Tiere von Steiff eine lange Tradition. Deswegen lassen sich diese Fragen am besten beantworten, wenn wir die Geschichte des Spielzeugs einmal genauer betrachten.

Teddybär mit „Knopf im Ohr"

Die Erfindung der Spieltiere durch Margarete Steiff ist damals nämlich eine echte Pionierleistung: Das bedeutet, die Produkte von Steiff sind absolut neu und haben vieles verändert.

Die Geschichte des Spielzeugs

Mitte des 19. Jahrhunderts sind Spielzeuge noch Luxus. Nur die reichen Familien können sie sich leisten. Adelige Mädchen spielen mit Mode-Puppen, auf die sie gut aufpassen müssen. Sie können leicht zerbrechen und ihre feinen Kleider gehen schnell kaputt. Die Spielzeuge haben einen Zweck: Die Kinder sollen auf ihre Rolle im Leben vorbereitet werden. Mädchen sollen mit ihren Puppen üben, Mutter zu sein. Sie lernen, dass es wichtig ist, vorsichtig, hübsch und brav zu sein. Oft haben die Mädchen auch Möbel und Geschirr für ihre Puppen. So lernen sie durch ihr Spiel die Arbeit der Frauen kennen.

Jungen bekommen Gewehre und Schaukelpferde geschenkt, damit sie gute Soldaten werden. Es gibt Trommeln, Trompeten oder kleine Soldaten aus Metall, sogenannte „Zinnsoldaten", für sie zum Spielen. Sie haben außerdem oft technisches Spielzeug, zum Beispiel eine Eisenbahn oder eine kleine Dampfmaschine[45]. Sie lernen beim Spielen etwas, das sie für ihren späteren Beruf gebrauchen können.

Schaukelpferd

Handgemachtes Holzspielzeug[46] hat eine lange Tradition. In Nürnberg wird es zum Beispiel schon seit dem 14. Jahrhundert produziert. Spielzeug-Macher gehören zu keiner Zunft. Das Handwerk gilt als Kunst und man kann damit nur wenig Geld verdienen.

[45]**die Dampfmaschine:** Modell einer Maschine, die durch Verbrennung Dampf erzeugt und damit einen Kolben antreibt
[46]**das handgemachte Holzspielzeug:** Spielzeug aus Holz, das einzeln mit der Hand gemacht und bunt angemalt wird

Oftmals arbeitet die ganze Familie an den Holzspielzeugen. Die Waren werden von einem sogenannten „Hausierer" verkauft. Das ist eine Person, die an jede Tür klopft, um die Waren anzubieten. Spielzeug-Macher sind oft sehr arme Familien. Dennoch ist das Spielzeug teuer, weil man sehr lange daran arbeitet. Auch das Holzspielzeug kopiert die Welt der Erwachsenen: Es gibt Puppenstuben[47] für die Mädchen und Kaufläden[48] für die Jungen.

Für die armen Kinder wird damals in den Werkstätten der Eltern oft aus Abfall Spielzeug hergestellt. Auch hier haben die strengen Regeln der Zunft bestimmt, was gemacht werden darf und was nicht: Die Zunft der Drechsler[49] stellt Holzfiguren her, in der Zunft der Schmiede[50] werden kleine Zinnsoldaten gemacht. In der Zunft der Kerzen-Macher entstehen Puppen aus Wachs. Es ist damals verboten, dass die Kerzen-Macher ihren Puppen Kleider nähen, denn dieses Handwerk gehört zu einer anderen Zunft.

Mit dem Aufheben der strengen Regeln der Zünfte 1871 dürfen Handwerker endlich auch Material aus anderen Bereichen verarbeiten. Diese Veränderungen machen die professionelle Herstellung von Spielzeug und damit auch Margaretes Unternehmen erst möglich. Deswegen kann Margarete ihre Spieltiere mit Rädern aus Metall ausstatten. Die Zeit der Industrialisierung beginnt: Waren werden nun effektiver hergestellt. Dadurch werden die Spielzeuge billiger und auch die weniger reichen Familien können sie sich leisten.

Spieltiere – Eine Errungenschaft für die Kinder

Die Erwachsenen wollen damals, dass die Kinder funktionieren. Sie sollen brav sein, schnell erwachsen werden und arbeiten. Sie sollen sich den Erwachsenen anpassen. Die Erwachsenen denken

[47]**die Puppenstube:** ein kleines Haus aus Holz mit kleinen Möbeln und Puppen, die darin bewegt werden können
[48]**der Kaufladen:** ein kleiner Laden voller Waren aus Holz, die die Kinder im Spiel verkaufen können
[49]**der Drechsler:** ein Handwerker, der aus Holz z.B. Stuhlbeine herstellt
[50]**der Schmied:** ein Handwerker, der Metalle verarbeitet

nicht daran, wie sich die Kinder fühlen. Sie erzählen den Kindern Geschichten, die ihnen Angst machen und sagen ihnen genau, was sie tun müssen. Sie bestimmen über das Kind. Es darf nicht selbst entscheiden. Und wenn das Kind nicht folgt, wird es bestraft. Es ist damals oft so, dass die Kinder geschlagen werden. Aus Angst vor Strafe machen die Kinder dann, was die Erwachsenen wollen. Oft wissen sie aber gar nicht, warum sie etwas tun sollen. Das gibt es auch heute noch. Aber heute weiß man, dass eine strenge autoritäre Erziehung[51] Kindern schadet.

Margarete Steiff ist nicht autoritär. Im Gegenteil: Sie versetzt sich in die Kinder hinein. Das bedeutet, dass sie die Welt mit den Augen der Kinder sehen kann, auch noch als erwachsene Frau. Sie kann sich sehr gut erinnern, wie streng ihre Mutter war und wie traurig sie dadurch wurde. Sie erinnert sich gut, wie fröhlich sie in ihrer Kur in Ludwigsburg war. Dort durfte sie sich frei bewegen. Sie spürt, dass Kinder am besten lernen, wenn sie glücklich sind.

Margarete will, dass ihre Spieltiere Kinder glücklich machen. Sie nimmt die Kinder so an, wie sie sind: wild und laut, voller Gefühle und voller Energie. Deswegen sind die Steiff-Tiere besonders stabil. Die Kinder können mit ihnen toben, sie gehen nicht kaputt. Aber sie sind auch weich: Das ist damals etwas ganz Besonderes für Spielzeug.

Die Steiff-Tiere sind für alle Gefühle von Kindern gemacht. Man kann mit ihnen kuscheln oder man kann sie wütend an die Wand werfen. Die Kinder können sich selbst ausdenken, wie sie mit den Stofftieren spielen wollen. Sie können ihre Fantasie benutzen und sich Geschichten ausdenken.

Die Steiff-Tiere sind für alle Abenteuer bereit. Mädchen *und* Jungen spielen mit ihnen. Man kann die Steiff-Tiere bei sich tragen wie einen guten Freund. Man kann sie auch auf ihren Rädern

[51]**die autoritäre Erziehung:** Art der Erziehung, bei der über das Kind bestimmt wird, es viele Regeln und oft Strafen gibt

hinter sich herziehen. Die Tiere machen den Kindern keine Angst, sondern die Kinder können eine Beziehung zu ihnen aufbauen. Sicher bekommen die meisten Steiff-Tiere einen Namen von den Kindern. Manche Kinder können ohne ihr Steiff-Tier nicht einschlafen.
So hat Margarete eine neue Zielgruppe entdeckt. Die früheren Spielzeuge haben nur die Bedürfnisse und Erwartungen der Erwachsenen erfüllt. Mit den Spieltieren der Firma Steiff werden aber plötzlich die Bedürfnisse der Kinder wahrgenommen. Das bedeutet auch, dass Erwachsene die Kinder mit anderen Augen sehen lernen. Sie fangen dadurch an, die Kinder zu respektieren und besser zu verstehen. Hier liegt der große Erfolg der Steiff-Tiere begründet.

Kinderarbeit wird nach und nach abgeschafft

Im Jahr 1902 schieben Kinder einen schweren Wagen über die Rampe zur Filz-Spielwaren-Fabrik von Margarete Steiff. Es sind Kinder von Heimarbeitern, die ihren Eltern helfen, indem sie die Lieferung von fast fertigen Stofftieren übernehmen. Das ist damals ganz normal.
Kinderarbeit gibt es überall dort, wo es Armut gibt. Dann ist es nämlich besonders wichtig, dass jeder etwas zur Versorgung der Familie beiträgt. Nach Ende des Krieges 1871 geht es den Menschen im deutschen Kaiserreich aber immer besser. Die Wirtschaft kommt in Schwung und das Arbeiten verändert sich. Jeder kann ein Unternehmen gründen und die Menschen können freien Handel betreiben.
Damals ändern sich auch viele Werte in der Gesellschaft. Vor allem für die Kinder verbessert sich die Situation: Es werden endlich Gesetze gegen Kinderarbeit erlassen. Zuerst dürfen Kinder, die jünger als 9 Jahre alt sind, nicht mehr arbeiten. Im Jahr 1891 wird

entschieden, dass Kinder unter 13 Jahren nicht mehr arbeiten dürfen. Das ist sehr wichtig, damit sie in die Schule gehen und lesen und schreiben lernen können. Die Kinder arbeiten damals manchmal 10–16 Stunden am Tag in den neuen Fabriken. Ab 1904 gilt diese Regel nicht mehr nur für die Fabriken, sondern auch für Gaststätten und andere Betriebe. In den Werkstätten oder auf den Feldern der Eltern arbeiten die Kinder aber immer noch.

Trotzdem entsteht langsam die Idee, dass die Kindheit ein eigener Abschnitt im Leben ist und dass man sie schützen muss. Man hört nun mehr auf die Bedürfnisse der Kinder. Man versteht, dass es wichtig ist, dass Kinder spielen. Das ist eine gute Entwicklung für die Kinder und auch für die Spielzeug-Hersteller.

Spieltiere – Eine Errungenschaft für die Natur

Die Steiff-Tiere sind eine echte Errungenschaft, gerade für die ärmeren Kinder. Aber sie sind auch eine Errungenschaft für die Tiere! Tiere spielen schon immer eine wichtige Rolle in Geschichten für Kinder. Märchen und Fabeln werden Kindern besonders oft erzählt. Das sind alte Geschichten, die erfunden sind und von wundersamen Begebenheiten berichten. Tiere sind in einem Märchen oft die Helfer der Kinder. Böse Menschen werden aber manchmal auch zur Strafe in ein Tier verwandelt. In Fabeln können Tiere sprechen und handeln wie Menschen. Die Tiere haben dann bestimmte Eigenschaften: Ein Fuchs ist schlau, ein Löwe ist stolz, ein Esel ist faul und ein Bär ist stark. Durch diese Geschichten sind sprechende Tiere Teil der Fantasiewelt der Kinder. Oft spielen Kinder die Geschichten nach. Sie spielen, sie seien ein Pferd oder - wie Margaretes Arzt Dr. Werner - ein Bär, der durch den Wald läuft und brüllt. Die Kinder können diese Spiele nun mit den Steiff-Tieren spielen.

Kinder haben schon immer mit Tieren mitgefühlt und mit den Tieren gespielt. Für die Erwachsenen müssen Tiere immer einen Zweck erfüllen: Pferde und Esel sollen auf dem Feld arbeiten, Hühner sollen Eier legen, Kühe Milch geben und Schweine werden gegessen. Deswegen werden die Tiere gehalten[52] – weil sei für die Erwachsenen einen Nutzen haben. Damals haben sich vor allem die Kinder mit den Nutztieren angefreundet. Es gibt zu dieser Zeit noch keine „Haustiere", also Tiere, die allein zur Freude der Menschen gehalten werden.

Es ist weit verbreitet zu denken, dass der Mensch den Tieren überlegen ist. Die Christen glauben, dass Gott die Menschen und die Tiere erschaffen hat. Dabei sind die Menschen Gott ähnlich und dürfen die Tiere zu ihrem Vorteil benutzen. Mit den Büchern von Charles Darwin (ab 1858) gibt es aber plötzlich eine neue Idee: Menschen und Tiere haben sich auf die gleiche Weise entwickelt, nämlich durch das Überleben des Stärkeren. Das nennt man Evolution. Diese Idee bedeutet auch, dass die Menschen und die Tiere einander viel ähnlicher sind als gedacht.

Deswegen werden Tiere zu dieser Zeit mit großem Interesse erforscht. Die Bücher „Brehms Thierleben" zeigen viele Zeichnungen exotischer und heimischer Tiere.

In Stuttgart wird bereits 1862 ein Zoo eröffnet, der Nill'sche Tiergarten. Richard Steiff besucht ihn oft und zeichnet

Titelseite von „Brehms Thierleben"

[52]**Tiere halten:** Tiere besitzen, füttern und versorgen

die Tiere. Es gibt unter anderem Bären, Affen, Zebras, Elefanten und Löwen zu sehen. Richard überlegt sich, welche neuen Spieltiere für Kinder er machen könnte.

Da die Steiff-Tiere nach dem Vorbild der realen Tiere genäht werden, lernen die Kinder etwas über sie. Vor allem über die Tiere aus den fernen Kolonien, die die Kinder vorher noch nie gesehen haben. Die Steiff-Tiere lehren den Kindern, die nicht in den Zoo gehen können, wie ein Elefant oder ein Zebra aussieht.

Die Spieltiere von Steiff helfen also dabei, Wissen über das Aussehen der Tiere zu verbreiten. Außerdem beginnen die Menschen durch sie mit den Tieren zu fühlen. Über die Spieltiere entsteht eine emotionale Beziehung zwischen Mensch und Tier.

Auch Margarete Steiff liegen die Tiere und die Natur am Herzen. Sie unterstützt den Verein für Vogelschutz, den ihre Freundin Lina Hähnle gründet. Dieser wird später zum Naturschutzbund Deutschland (genannt NABU). Er ist noch heute sehr wichtig und setzt sich für die Erhaltung der Natur ein. Es wird damals zum ersten Mal darüber gesprochen, dass der Mensch Verantwortung für die Natur übernehmen muss.

Die Erfolgsgeschichte des Teddybären

Richard Steiff hat die Idee für den Teddybären direkt aus der Tierwelt. Seine Zeichnungen von Bären im Stuttgarter Zoo sind bis heute erhalten. Im Steiff-Katalog von 1892 werden zum ersten Mal Bären gezeigt. Aber erst 1902 wird der erste Bär als Spieltier mit beweglichen Armen und Beinen entworfen. Es ist der „Bär 55 PB" – das Fell des Bären ist aus Plüsch[53]. Das war damals neu: Die feinen Haare von Ziegen werden wie ein Teppich verwebt. Dadurch fühlt sich der Bär weich und kuschelig an, ganz ähnlich wie echtes Tierfell. Die Firma Steiff arbeitet hierfür seit 1901 mit der

[53]**das Plüsch:** eine Art feiner Teppich, der das Fell von Tieren imitiert

Weberei Schulte zusammen. Bis heute werden dort die Plüschfelle für die Steiff-Tiere hergestellt. Mittlerweile hat die Steiff GmbH die Weberei Schulte gekauft, sie gehört nun fest zum Unternehmen.
Durch das Material Plüsch entsteht damals eine neue Art von Spielzeug. Nach den ersten Filztieren der Firma Steiff, werden nun Plüschtiere genäht.
Richards „Bär 55 PB" wird von Margarete Steiff aber zuerst kritisch bewertet. Der erste Entwurf ist sehr groß, schwer und etwas plump. Er wurde für einen Preis von 4 Mark zum Verkauf angeboten. 1903 wurden erste Bären in die USA geschickt. Aber sie kamen dort nicht gut an.
Auf der Leipziger Spielzeug-Messe 1903 interessiert man sich erst ganz zum Schluss für die Bären: Ein Käufer aus den USA bestellt gleich 3 000 Stück. Bald darauf bekommt der Bär seinen berühmten Namen: Teddybär, benannt nach dem damaligen Präsidenten der USA, Theodore „Teddy" Roosevelt.
Teddy Roosevelt ist Hobby-Jäger. In den USA gibt es viele Karikaturen[54] von folgender Geschichte: Der amerikanische Präsident, Teddy Roosevelt, hat einmal bei einer Jagd keinen einzigen Bären gesehen und nichts geschossen. Seine Kollegen binden ihm deswegen einen jungen Bären an einen Baum. „Teddy" Roosevelt will aber nicht auf den wehrlosen Bären schießen. Nun gibt es zwei Versionen wie der Plüschbär den Namen Teddy bekommt.

Karikatur von Teddy Roosevelt

[54]**die Karikatur:** komische und übertriebene Zeichnung einer Situation

In Deutschland erzählt man sie so: Einer der 3000 Steiff-Bären wurde in einem Geschäft in den USA ausgestellt. Der Assistent von Teddy Roosevelt hat ihn als Dekoration für den Geburtstagstisch der Tochter des Präsidenten gekauft. Sie hat dann den Bären nach ihrem Vater „Teddy" genannt.
In den USA erzählt man die Geschichte anders. Hier heißt es, dass ein US-Amerikaner einen Stoffbären gemacht und mit der Erlaubnis von Teddy Roosevelt als „Teddys Bär" in seinem Geschäft ausgestellt hat.
Welche Geschichte auch immer stimmt – für die Firma Steiff war der Name Teddybär die beste Werbung[55]. Durch Werbung werden viele Menschen auf ein Produkt aufmerksam. Dadurch steigt das Interesse am Produkt und in der Folge steigen die Verkaufszahlen.
Auf der Weltausstellung in St. Louis gewinnen Margarete und Richard Steiff 1904 einen großen Preis für ihren Teddybären. Aber die Firma Steiff entwickelt das Modell immer weiter: 1905 wird ein kleinerer Bär als Muster eingetragen. Der „Bär 35 PAB" ist leichter und weicher; er hat außerdem eine Druckstimme.
Das nächste Modell PB 28 wird noch kleiner und leichter und bekommt ein runderes Gesicht. Er ist in den Farben dunkelbraun, hellbraun und weiß zu kaufen. Dieser Bär wird in den USA ein voller Erfolg.

Die Steiff GmbH und ihr Markenzeichen

Die Steiff-Tiere sind mittlerweile so beliebt, dass sie oft kopiert werden. Die Kopien haben aber eine schlechte Qualität. Das ist schlecht für das Geschäft. Deswegen überlegt sich Margarete ein Markenzeichen[56]. Ein Markenzeichen ist ein Merkmal, das eindeutig erkennen lässt, ob es sich um ein Steiff-Tier handelt.

[55] **die Werbung:** Verbreitung einer Botschaft, oft an eine bestimmte Zielgruppe
[56] **das Markenzeichen:** ein Symbol, das zeigt, dass es sich um ein Original und nicht um eine Kopie handelt

Das erste Markenzeichen für die Steiff-Tiere ist das Kamel. Es wird auf eine Marke gedruckt und den Tieren um den Hals gehängt. Mit diesem Zeichen versucht Margarete, ihre Tiere vor Nachahmung zu schützen. Margaretes Neffe Franz Steiff erfindet 1904 den berühmten „Knopf im Ohr". Ein Fähnchen aus Stoff wird den Spieltieren mit einem Metallknopf in die Mitte des Ohres geklammert. Dieses Markenzeichen schützt die Spieltiere der Firma Steiff bis heute. Zuerst war darauf ein Elefant zu sehen, dessen Rüssel den Buchstaben „S" formt. Später ist darauf der Firmenname „Steiff" zu lesen. Das Zeichen wird zum Gütesiegel für wertvolles Spielzeug von hoher Qualität.

1907 geht als „Bärenjahr" in die Geschichte der Firma Steiff ein: Es werden 975 000 Steiff-Bären genäht. Ein Jahr später gibt die Firma Steiff eine offizielle Erklärung ab, dass die weltberühmten „Teddybären" mit den beweglichen Armen und Beinen die alleinige Erfindung der Firma Steiff sind. Es wird betont, dass weder Idee noch Gestaltung aus den USA stammen. Der Teddy wird zum Klassiker unter den Plüschtieren - mittlerweile hat jedes Kind einen Teddy.

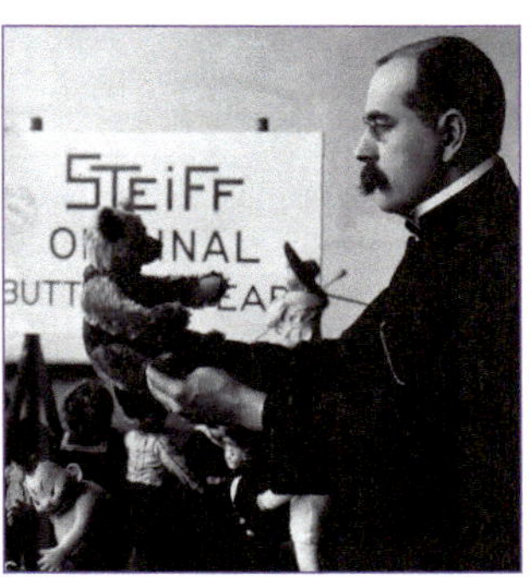

Richard Steiff mit dem „Bär 55 PB"

Die Spieltiere als „kleine Heiler"

1908 erhält Margarete einen Brief von einem Arzt, der in Jerusalem ein Krankenhaus gegründet hat. Er bittet die Unternehmerin um eine Spieltier-Spende für die kranken Kinder. Er bietet ihr auch etwas Geld, aber das hätte nur für wenige Steiff-Tiere gereicht.

In Margaretes Antwortbrief verspricht sie, den Kindern drei große Pakete zu schicken. Die Pakete sind über 5 Kilo schwer. Margarete Steiff schickt über 40 Steiff-Tiere nach Jerusalem. Und tatsächlich gibt es Fotos von damals. Man sieht darauf, dass die Kinder mit vielen fröhlichen Steiff-Tieren spielen.
Warum war es dem Arzt so wichtig, seinen Patienten Spieltiere zu besorgen? Haben die Steiff-Tiere den Kindern vielleicht geholfen, gesund zu werden? Wenn ja – wie können sie das schaffen? Um das zu beantworten, beschäftigen wir uns mit der Psychologie von Kuscheltieren.
Der Begriff Psychologie bezeichnet die Lehre von der Seele. Als Wissenschaft beschäftigt sich die Psychologie mit dem Verhalten, dem Fühlen und Denken der Menschen. Mit den Schriften von Sigmund Freud rücken die Erfahrungen der Kindheit ins Zentrum. Egal, ob man sich erinnert oder nicht: Die Erlebnisse der Kindheit prägen den Menschen dauerhaft.
Kinder sind den Erwachsenen hilflos ausgeliefert. Sie brauchen die Fürsorge der Erwachsenen und können noch nicht sagen, was sie genau wollen. Ein Baby muss langsam lernen, dass nicht alle seine Bedürfnisse sofort erfüllt werden können. Ein Baby muss früher oder später lernen, sich selbst zu beruhigen.
Hierfür gibt es verschiedene Strategien. Manche Babys lutschen am Daumen. Andere schnüffeln an einem Tuch, summen vor sich hin oder wiegen sich hin und her. Diese Handlungen imitieren das Dasein der Eltern.
Ein Kuscheltier kann diese Aufgabe auch erfüllen. Es fühlt sich warm und weich an und hat ein freundliches Gesicht. Das Kind kann sich vorstellen, dass es von seinem Kuscheltier beschützt wird. Wenn es älter ist, kann es mit dem Kuscheltier sprechen. Es kann das Kuscheltier auch selbst beschützen und versorgen.

Es handelt sich beim Kuscheltier um ein sogenanntes „Übergangsobjekt“. Ein Übergang ist ein Zustand der Veränderung. In diesem Fall verändert sich das Baby: Es erlebt sich zuerst als Teil der Mutter, entwickelt dann aber ein eigenes „Ich“. Zum Kuscheltier hat das Kind eine selbstgewählte Beziehung. Für das Kind ist das Kuscheltier lebendig. Es ist ein Freund und Beschützer. Das Kind hat eine emotionale Beziehung zu seinem Kuscheltier. Das Kind fühlt sich dabei sicher und selbstbewusst. Es erlebt sich als unabhängig vom Dasein der Eltern.

Die Beziehung zu einem Spieltier ist sehr körperlich. Das Spieltier ist weich, es lädt dazu ein, es zu umarmen. Diese Berührungen machen glücklich. Man entspannt sich und fühlt sich geborgen. Wenn man Sorgen hat, kann man sie dadurch besser ablegen. Alle Gefühle können vom Kuscheltier aufgefangen werden.

Auch das Spielen mit einem Kuscheltier macht glücklich. Man kann eine Situation nachspielen und sie dadurch verarbeiten[57]. Im Spiel entscheidet das Kind, was passieren soll. Es erlebt sich dadurch als mächtig und aktiv. Kinder können im Spiel erlebte Konflikte auflösen. Außerdem kann das Kind spannende Abenteuer und Reisen erleben. Im Spiel ist das Kind der Held oder die Heldin der eigenen Geschichte.

Mit den vielen Spieltieren der Firma Steiff haben die kranken Kinder in Jerusalem einen neuen Freund zum Spielen und Kuscheln bekommen. Dadurch sind sie nicht mehr so allein und können sich besser entspannen. Vielleicht haben die Spieltiere auf diese Weise auch ein bisschen beim Gesundwerden geholfen.

Die Firma Steiff im 20. Jahrhundert

Nach Margaretes Tod im Jahr 1909 gibt es schwere Zeiten. Während des ersten Weltkrieges muss der Handel mit Frankreich,

[57]**etwas verarbeiten:** sich mit einem Erlebnis und den damit verbundenen Gefühlen beschäftigen, um so damit abschließen zu können

Großbritannien und den USA aufhören. Diese Länder sind zwischen 1914 und 1918 im Krieg mit dem deutschen Kaiserreich. Außerdem bekommt das Unternehmen keine Lieferungen mehr. Es gibt also kein Material zur Verarbeitung. Die Firma Steiff lässt sich aber etwas einfallen. Sie arbeiten nun mit Holz aus der Region. In dieser Zeit entsteht ein „Papier-Teddy“ aus Zellstoff[58].

Nach dem Ende des Krieges erholt sich das Unternehmen recht schnell. Ab 1920 wird die Fließband-Arbeit[59] eingeführt. Damit geht die Produktion noch schneller. 1931 arbeitet die Firma Steiff zum ersten Mal mit Disney zusammen. Viele Disney-Figuren werden damals von Steiff als Stofftiere hergestellt, zum Beispiel Mickey Maus und Mini Maus. Das beliebteste Steiff-Tier zu dieser Zeit ist aber ein Hund namens Molly. Molly wird im Jahr 1932 weltweit über 500 000-mal verkauft.

Eine weitere Krise entsteht mit dem zweiten Weltkrieg (1939–1945). Hier steht die Produktion der Steiff-Tiere irgendwann komplett still. Die Fabrik wird geräumt und vom Militär für die Produktion von Waffen benutzt.

Die Firma startet 1947 komplett neu. Ein Jahr später hat die Steiff GmbH wieder fast 1 000 Mitarbeiter. 5 Jahre später sind es schon 2 000. Das erfolgreichste Produkt ist damals der Igel Mecki – das Maskottchen[60] einer Zeitschrift. Mecki ist außerdem TV-Star: Er spielt in den 50er Jahren die Hauptrolle in den Puppenfilmen der Brüder Diehl.

1953 feiert der Teddybär seinen 50. Geburtstag. Die Firma Steiff entwirft deswegen einen neuen Teddy: Der Teddy „Jäcky“ ist ein echtes Bären-Baby, mit rundem Gesicht und Bauchnabel. Es ist sehr niedlich und weich.

[58]**der Zellstoff:** ein Stoff aus Holz und Pflanzenfasern, ähnlich wie Papier
[59]**die Fließband-Arbeit:** ein neuer Ablauf der Arbeit in einer Fabrik, bei dem die Ware immer weitergegeben wird. Jeder Arbeiter und jede Arbeiterin machen nur eine spezielle Sache immer wieder, zum Beispiel näht eine Person nur die Augen des Teddys an
[60]**das Maskottchen:** eine Figur, die stellvertretend für eine Marke oder für einen Verein steht

1980 wird in Giengen das Margarete Steiff Museum eröffnet. Zu Margarete Steiffs 150. Geburtstag eröffnen 1997 in ganz Deutschland Galerien, die Steiff-Tiere zeigen. Es wird ein Steiff-Club gegründet. Es folgen weitere Galerien im Ausland: in Wien, Zürich und London. Zum 100. Geburtstag des Teddybären wird in Giengen 2002 ein Musical aufgeführt, mit einem Teddy in der Hauptrolle. Drei Jahre später wird zum 125-jährigen Firmenjubiläum eine besondere Version des Teddy und des Elefäntle hergestellt: die „125 Karat Edition" ist mit Gold und Brillanten verziert. Bär und Elefäntle haben gemeinsam einen Wert von fast 30 000 Euro. 2008 gibt es einen besonderen Teddy: der etwas hochnäsige Karl Lagerfeld Steiff-Bär ist noch immer sehr begehrt bei Sammlern.

Seit 2010 gibt es eine besondere Ausstellung im Steiff Museum: der größte Streichelzoo der Welt. Ein Streichelzoo ist ein Zoo, den man betreten darf. Man darf die Tiere anfassen und sie füttern. Die Steiff-Tiere sind aber meist nicht hungrig. Dafür dürfen sich die Kinder auf die Tiere setzen und mit wilden Löwen kuscheln. Die Steiff GmbH baut außerdem ihre Auswahl an Kinderkleidern aus. Auch hier wird auf hohe Qualität gesetzt.

Eine Marke im Wandel der Zeit

Im selben Jahr entscheidet sich die Firma Steiff, ihre Produktion aus China zurück nach Deutschland zu holen. Es wurden schlechte Erfahrungen gemacht: Die Spieltiere von Steiff sind im Vergleich mit anderen Plüschtieren sehr teuer. Dafür erwarten die Kunden, dass sie perfekt sind. Leider hat die Produktion in China diese Qualität nicht geschafft. Deswegen gingen die Verkaufszahlen zurück.

Außerdem hat sich Steiff zu sehr auf Luxus-Spieltiere konzentriert, also auf die erwachsenen Sammler als Zielgruppe. Die Firma hat die Kinder aus den Augen verloren. Es wurde beschlossen, dass das nicht mehr passieren soll. Damit ein Produkt über lange Jahre beliebt ist, muss es sich immer wieder anpassen. Dafür muss man die Bedürfnisse der Kinder immer im Auge behalten, damit ihr Geschmack getroffen wird. Das hätte Margarete Steiff auch so gemacht.

Die Firma Steiff hat im Laufe ihrer Firmengeschichte viele erfolgreiche Partnerschaften. 2018 erhält die Steiff GmbH den „Disney Heritage Award". Mit diesem Preis bedankt sich Disney für die lange erfolgreiche Zusammenarbeit bei der Firma Steiff. Die Unternehmen haben voneinander profitiert. Sie haben gegenseitig Werbung füreinander gemacht. Anders als andere Hersteller von Kuscheltieren hat die Steiff GmbH regelmäßig für Aufmerksamkeit gesorgt. Dabei wurden verschiedene Strategien gewählt. Mit Disney, Karl Lagerfeld oder dem beliebten Mecki zusammenzuarbeiten, waren gute Ideen. Die spannende Geschichte der Firma in ein Museum oder ein Musical zu verwandeln, war ebenfalls sehr wirkungsvoll. Auf diese Weise hat sich Steiff ein bestimmtes Image aufgebaut: Es handelt sich um ein Unternehmen mit Tradition, ein Unternehmen, das ein Teil der deutschen Geschichte ist. Ganz besonders wird betont, dass die Marke Steiff für hohe Qualität steht, zum Beispiel mit der „125 Karat Edition" aus dem Jahre 2005.

Hier nutzt Steiff die hohen Sammler-Preise, die für alte Steiff-Tiere bezahlt werden. Der Unterschied ist, dass der Preis für die „125 Karat Edition" direkt an Steiff gezahlt wird. Nicht – wie beim Sammeln üblich – an andere Sammler. Das Gefühl von Nostalgie[61] nutzt Steiff auch in anderen Zusammenhängen. Zum Beispiel gibt es zur Weihnachtszeit 2016 einen Werbespot, in welchem Herr und Frau Bär („Mr. and Mrs. Bair") am Flughafen in London auf ihre Familie warten. Es handelt sich um alte Modelle der Teddybären,

[61]**die Nostalgie:** Sehnsucht nach und Freude an Vergangenem

die zum Leben erweckt werden. Bei vielen Menschen hat dies Erinnerungen an ihre Kindheit geweckt.
Übrigens hatte auch Elvis Presleys einen Steiff-Teddy. Allerdings hat „Mabel" eine traurige Geschichte. Der Teddy wird 2016 für 45 000 Euro ersteigert und soll in einem Museum gezeigt werden. Als der Bär auf seinen Platz gesetzt wird, reißt sich der Hund des Wachdienstes los und zerfetzt den kleinen Teddy. Er kann nicht mehr repariert werden.
Die meisten Steiff-Tiere haben aber eine schöne Geschichte. Sie werden von ihren Besitzern sehr geliebt.
Die Steiff GmbH ist noch heute ein international führendes Unternehmen. Ihre Spieltiere sind das wohl bekannteste Spielzeug auf der ganzen Welt. Noch immer eröffnen weitere Steiff-Läden weltweit. Das Unternehmen hat aktuell einen Umsatz von über 100 Millionen Euro im Jahr und blickt positiv in die Zukunft.
Ein Allrounder wie das Plüschtier wird immer gebraucht werden. Kein anderes Spielzeug ist einem Menschen so nah: In der Kindheit aus Liebe und Freundschaft, als Erwachsener aus Nostalgie. So machen die Steiff-Tiere noch heute Kinder und Erwachsene glücklich.

Übungen zum Leseverstehen

1. Bringe die folgenden Spieltiere der Firma Steiff in die Reihenfolge ihrer Erfindung.

a) Mecki der Igel
b) Teddybär Jäcky
c) Original Steiff-Teddy-Bär mir Knopf im Ohr (55 PB)
d) Disneys Mickey und Mini Maus
e) das „Elefäntle"
f) Molly der Hund
g) Karl Lagerfeld Steiff Bär
h) Papier-Teddybär

2. Streiche die Erfolgs- und Werbestrategien der Firma Steiff durch, die sie mit ihren Produkten NICHT verfolgten.

A Hohe Qualität
B Hausieren
C Nostalgie wecken
D Streichelzoo einrichten
E Musical produzieren
F Museum eröffnen
G Gemüse zum Kuscheln
H Teddy mit Brillanten
I Kinofilm produzieren
J Disney-Figuren

3. **Welche Begriffe gehören zur Geschichte des Spielzeugs und welche Begriffe gehören zur Steiff GmbH? Trage die Begriffe in die entsprechende Spalte der Tabelle.**

A Dampfmaschine **B** Kaufladen **C** Holzfigur

D Jäcky **E** Elefäntle **F** Zinnsoldaten **G** Mecki

H Mini Maus **I** Mode-Puppe **J** Molly

K Plüschtiere **L** Puppenstube **M** Schaukelpferd

N Spieltiere auf Rädern **O** Trommel **P** Teddybär

Geschichte des Spielzeugs	Steiff GmbH

4. **Was war neu an Margaretes Spielzeug? Schreibe fünf Eigenschaften der Steiff-Tiere auf.**

a) ______________________________

b) ______________________________

c) ______________________________

d) ______________________________

e) ______________________________

Spielen damals und heute

Kinder spielen Fangen

Die Art und Weise, wie die Menschen spielen, verändert sich mit der Zeit. Schon in der jüngeren Steinzeit[62] gibt es selbstgemachte Puppen. Aber erst zu Zeiten von Margarete Steiff wird die Spielzeugherstellung zu einem Beruf. Die Spielzeuge verbreiten sich und auch die ärmeren Kinder haben welche. Für viele Spiele braucht man aber gar kein Spielzeug. Ein Spiel wie „Fangen" besteht über die Zeit hinweg. Bei diesem Spiel laufen die Kinder vor einem anderen Kind weg, bis sie von diesem berührt („gefangen") werden. Es könnte schon in der Steinzeit gespielt worden sein und es ist heute noch auf der ganzen Welt beliebt.

Eine große Veränderung des Spielens entsteht durch die Digitalisierung. Die Digitalisierung überträgt Aspekte der Welt in elektronische Impulse und wandelt sie somit in Daten um. Die ersten Computer sind sehr groß und können nur einfache Rechnungen lösen. Mit der Zeit werden Computer immer besser, schneller und kleiner. Mittlerweile tragen die meisten Menschen immer einen

[62]**die Steinzeit:** früheste Epoche der Menschheit, vor vielen tausend Jahren

kleinen Computer bei sich: Das Smartphone ist unser Begleiter im Alltag geworden.

Ähnlich wie die Industrialisierung verändert die Digitalisierung nicht nur den Alltag. Sie verändert auch das Arbeiten und das Spielen. Die Spieltiere der Firma Steiff können gekuschelt werden. Man kann mit ihnen eine Höhle bauen oder in einem Wald gegen Wichtel[63] kämpfen. Das Spielen mit ihnen ist „haptisch"[64]. Das bedeutet, dass die Kinder die Spieltiere mit ihren Händen und dem ganzen Körper fühlen können. Deswegen tröstet ein Teddy bei Traurigkeit und deswegen kann er einem kranken Kind dabei helfen, gesund zu werden. Auch hilft ein Plüschtier beim Schlafen oder gegen die Angst vor dem ersten Tag in der neuen Schule.

Kinder bewegen sich beim Spielen mit den Steiff-Tieren frei im Raum. Beim digitalen Spielen finden alle Aktionen auf einem Bildschirm statt. Das Spielen ist nicht haptisch, sondern audiovisuell: Es beschränkt sich auf das Hören und das Sehen. Lässt sich das digitale Spielen überhaupt mit dem „echten" Spielen mit den Spieltieren vergleichen? Wie unterscheidet es sich vom haptischen Spielen mit einem Spieltier? Um diese Fragen zu beleuchten, schauen wir uns an, was genau das Spielen auszeichnet.

Was ist „Spielen"?

Wissenschaftler haben das Spielen untersucht. Warum spielen die Menschen, vor allem die Kinder? Es muss wichtige Gründe dafür geben, denn Spielen ist weit verbreitet. Man kann das Spielen als eine besondere Art des Handelns verstehen. Es unterscheidet sich von anderen Handlungen. Erwachsene handeln, weil sie einen bestimmten Zweck verfolgen. Sie arbeiten zum Beispiel, damit sie genügend Geld verdienen, um ihre Familie zu versorgen. Dabei macht ihnen das Arbeiten manchmal gar keinen Spaß. Der Zweck

[63] **die Wichtel:** Fantasiewesen, die in Märchen vorkommen
[64] **haptisch:** das aktive Tasten und Fühlen von Oberflächen und Dingen mit den Händen

ist aber sehr wichtig, deswegen arbeiten die Erwachsenen trotzdem.

Spielen verfolgt meistens keinen Zweck. Kinder spielen, um zu spielen. Das heißt, sie erwarten keine späteren Vorteile. Sie sind ganz vertieft und denken nur an den Moment. Denn Spielen macht sehr viel Spaß. Man nennt dieses Bedürfnis der Kinder „Spieltrieb".

Spielende junge Hunde

Auch junge Tiere haben oft einen Spieltrieb, zum Beispiel junge Hunde. Sie kämpfen miteinander, verletzen sich aber nicht. Diese Art zu spielen ist total frei.

Es gibt aber auch Spiele, die einen Zweck haben. Eltern oder Lehrer geben den Kindern Spiele, mit denen sie etwas lernen sollen. Manche Spielzeuge haben das Ziel, den Kindern eine bestimmte Rolle für das spätere Leben beizubringen. Andere Spiele fördern die Fähigkeiten der Kinder. Diese Spiele sind weniger frei, können aber auch viel Spaß machen. Beide Arten des Spielens haben eine Gemeinsamkeit: Es entstehen keine Folgen. Folgen sind Veränderungen, die durch Handeln hervorgerufen werden. Wenn sich ein Kind zum Beispiel ein Bein bricht, dann hat das viele Folgen. Das Kind muss für eine ganze Weile im Bett bleiben, bis das Bein wieder geheilt ist. Wenn ein Kind aber spielt, dass es sich das Bein bricht, dann folgen darauf keine Veränderungen. Nach dem Spielen kann das Kind wieder laufen und hüpfen. Beim Spielen tut das Kind nur so, „als ob" es sich das Bein gebrochen hätte. Es humpelt oder weint.

Wie im Theater ist „so tun als ob" eine Vereinbarung zwischen allen Mitspielern. Das heißt, wenn jemand im Theater auf der Bühne

ein Gift[65] trinkt, rufen die Zuschauer nicht den Krankenwagen. Sie verlassen sich auf die gemeinsame Vereinbarung: „Das ist nur ein Spiel, die Spieler tun nur so, als ob jemand vergiftet wird."
Deswegen kann man im Spiel ganz viel ausprobieren. Man muss keine Angst vor den Folgen haben. Außerdem kann man im Spiel fliegen oder ganz lange unter Wasser tauchen. Kinder stellen sich das einfach vor. Im Spiel gibt es keine Grenzen, weil die Fantasie der Kinder keine Grenzen hat. Jedes Handeln ist möglich.
Dabei verwandeln sich die Dinge um die Kinder herum. Eine Tasse voller Gänseblümchen[66] wird zum Zaubertrank[67]. Ein Stock wird zu einem Fernrohr. Beim Spielen gestalten die Kinder die Welt, wie sie es möchten. Die Kinder haben die Macht. Mit ihrer Fantasie können sie jedes Abenteuer erleben, das sie sich wünschen.
Die Wissenschaftler sagen, dass die Kinder das Spiel brauchen, damit sie diese Macht ausprobieren können. Im Alltag haben die Kinder nämlich oft keine Macht. Sie sind den Erwachsenen sehr oft ausgeliefert[68]. Kindern brauchen ihre Eltern, um versorgt zu werden. Sie sind ihnen rechtlich unterstellt und die Erwachsenen sind auch körperlich stärker. Zu der Zeit von Margarete Steiff wird die Macht der Erwachsenen gegenüber den Kindern oft ausgenutzt. Kinder müssen damals arbeiten und werden geschlagen, wenn sie nicht gehorchen. Das Bedürfnis zu spielen wird damals von den Erwachsenen nur wenig unterstützt. Mit Margaretes Spieltieren beginnt sich diese Situation dann zu verändern. Aber auch heute erleben Kinder immer wieder, dass sie nicht frei entscheiden dürfen. Sie müssen lernen, mit Enttäuschungen umzugehen. Im Spiel können die Kinder solche Situationen verarbeiten[69].

[65]**das Gift:** ein Stoff, der den Menschen Schaden zufügt oder sie sogar tötet
[66]**das Gänseblümchen:** eine kleine Blume mit weiß-gelber Blüte, die im Frühling und Sommer auf den Wiesen blüht
[67]**der Zaubertrank:** ein Getränk, das dem Trinkenden durch Zauberei magische Kräfte verleiht
[68]**ausgeliefert sein:** keine Macht haben, andere entscheiden über einen
[69]**etwas verarbeiten:** sich mit einem Erlebnis und den damit verbundenen Gefühlen beschäftigen, um so damit abschließen zu können

Oft spielen die Kinder, dass sie erwachsen wären. Sie spielen zum Beispiel „Vater-Mutter-Kind" oder „Autofahren". In diesen Spielen probieren die Kinder eine neue Rolle aus. Sie versetzen sich in die Erwachsenen hinein und testen verschiedene Handlungen. Die Reaktion der anderen Kinder zeigt, wie diese Handlungen verstanden werden. Dadurch lernen die Kinder Empathie. Empathie ist die Fähigkeit zu fühlen, was andere fühlen. Man nennt es „sich in andere hineinversetzen". Kinder verstehen ihre Eltern dadurch besser. Sie lernen sich außerdem selbst in einer neuen Rolle kennen.

Die Kinder benutzen in ihren Spielen gerne Gegenstände, entweder Spielzeuge oder irgendwelche anderen Dinge. Eine Barbie-Puppe in einem Cabriolet kann irgendwohin fahren und man kann Barbie neue Kleider anziehen. Die Möglichkeiten des Spiels sind vom Spielzeug vorgegeben und deswegen begrenzt. Ein Stock aus dem Garten hingegen kann eine Flöte sein, ein Fernrohr, eine Schlange oder ein Zepter[70]. Die Kinder fassen diese Dinge an und geben ihnen eine neue Bedeutung. Sie geben sie an andere Kinder weiter und freuen sich, wenn diese den Gegenstand in etwas Neues verwandeln.

Ein Spiel, das nur auf einem Bildschirm stattfindet, macht viele Vorgaben. Außerdem muss man dafür still sitzen und sich konzentrieren. Kann man digitales Spielen da überhaupt als „freies Spielen" verstehen? Oder ist es eine andere Art der Handlung?

Die Besonderheiten des digitalen Spielens

Einerseits könnte man sagen, auch digitales Spielen ist Spielen. Es bezieht alle Sinne mit ein, denn auch bei einem Computerspiel gibt es etwas zum Anfassen. Man steuert das Spiel entweder mit einer Computermaus, mit der Tastatur oder mit einem Controller. Die Controller sind in den letzten Jahren sogar immer haptischer

[70]**das Zepter:** wertvoller Stab eines Königs oder einer Königin

geworden. Es gibt einen Effekt, der sich „rumble" nennt: Das bedeutet „rumpeln". Der Controller schüttelt sich in den Händen der Spieler, wenn es im Spiel einen Aufprall gibt. Dadurch fühlt sich das Computerspiel noch realistischer[71] an.

Mit der Spielekonsole[72] Nintendo Wii kamen neue Controller auf den Markt. Sie funktionieren räumlich. Das heißt: Die Bewegungen werden in das Computerspiel übertragen. Mit diesen Controllern kann man in seinem Wohnzimmer Tennis spielen. Man muss dabei ähnliche Bewegungen machen wie bei einem echten Tennisspiel. Die Controller dienen als digitale Tennisschläger. Die Spieler nutzen nun also den Raum um sich herum und müssen nicht nur still sitzen. Für das Tennisspiel ist der Controller ein Tennisschläger, für das nächste Spiel verwandelt er sich zum Beispiel in ein Ruder. Auch diesen Aspekt könnte man als Argument dafür nennen, dass das digitale Spielen vergleichbar mit dem haptischen Spielen ist: Auch hier verwandeln sich die Spielgeräte.

Andererseits verwandeln sich die Controller nicht durch die Fantasie der Kinder. Sie verwandeln sich durch die Auswahl eines der Spiele der Konsole. Die „Verwandlung" ist also nicht frei, sondern vorgegeben.

Computerspiele folgen grundsätzlich dem Prinzip der Simulation. Das bedeutet, sie kopieren die Wahrnehmung der tatsächlichen Welt. Man kann in einem Computerspiel meist umherschauen, also den Blick nach rechts oder links bewegen. In digitalen Spiele-Welten gibt es oft Gegenstände, die wir aus der echten Welt kennen. Außerdem zeigen Geräusche, welches Material ein Gegenstand hat. Beim Laufen über kleine Steine hört man ein Knirschen, beim Sprung ins Wasser ein Platschen und so weiter. So entsteht die Illusion von haptischer Wahrnehmung, die sich für den Spieler echt anfühlt.

[71]**realistisch:** nah an den Erlebnissen in der „richtigen" (nicht-digitalen) Welt
[72]**die Spielekonsole:** ein kleiner Computer der an einen Fernsehbildschirm angeschlossen wird und mit dem man eine Auswahl an Videospielen spielen kann

Kind mit einer VR-Brille

Diese Illusion wird durch virtuelle Realität[73] („virtual reality" oder „VR") noch gesteigert. Man wird komplett mit nahtlos aneinandergefügten Bildern umgeben. Mit Hilfe einer VR-Brille[74] kann man umherschauen. Je nachdem, wie man den Kopf bewegt, rücken andere Teile des Bildes ins Zentrum. Man kann sich in der VR-Umgebung bewegen. Der Computerbildschirm wird dem Spieler so direkt vor die Augen gesetzt. Die wirkliche Umgebung beim Spielen wird komplett ausgeblendet.

Die Spieler vertiefen sich in die virtuelle Realität. Sie haben das Gefühl, in der Spiele-Welt zu sein. Dieses Gefühl ist allerdings nur eine Illusion, eine Täuschung der Sinne. Manchmal führt sie übrigens dazu, dass den Spielern schlecht wird. Die sogenannte „Gaming Sickness" kommt daher, dass das Auge Bewegungen sieht, die der Körper der Spieler gar nicht wirklich macht.

Aber nicht jede Welt in einem Computerspiel ist eine Kopie der „realen" Welt. Und nicht jedes Computerspiel präsentiert eine Welt oder eine Geschichte. Das Spiel Tetris[75] funktioniert zum Beispiel ähnlich wie ein Puzzle.

Tetris

[73] **die virtuelle Realität (VR):** von einem Computer hergestellte Illusion, in der man sich bewegen und etwas anfassen kann
[74] **die VR-Brille:** Gerät, das man auf die Augen setzt, um Bilder in 360° um einen herum anschauen zu können
[75] **Tetris:** russisches Computerspiel von 1984 nach Art eines Puzzles

Hier geht es um Geschicklichkeit[76]: Bestimmte Formen fallen von oben nach unten und müssen schnell sortiert werden. Eine volle Reihe verschwindet und schafft damit Platz für die folgenden Teile. Die fallenden Teile werden immer schneller. Dadurch sind die Spieler gefordert, immer schneller zu handeln. Deswegen lässt sich Tetris als Geschicklichkeitsspiel verstehen.

Wenn der Bildschirm mit Tetris-Teilen voll ist, endet das Spiel. Es erscheint „Game over" und man darf wieder von vorne anfangen. Wenn man lange schnell genug stapelt, darf man ein neues Level[77] beginnen. Diese Momente im Spiel geben den Spielern ein „Feedback", das man als Belohnung bezeichnen kann. Man freut sich über den Erfolg, der über Musik, über Konfetti, Geschenke oder Ähnliches ausgedrückt wird. Die Geräusche und Bilder zu „Game over" erzeugen Enttäuschung. Über dieses Belohnungssystem[78] bekommen Computerspiele einen Zweck. Die Spieler haben einen Grund für ihr Spiel, sie möchten die positiven Gefühle erleben. Das kann sogar bis zu einer Sucht nach Computerspielen führen, bei der sich die Spieler immer mehr aus der realen Welt zurückziehen.

Der Aspekt der Belohnung ist das stärkste Argument gegen die Einordnung des digitalen Spielens als „freies Spiel". Der Zweck steht im Mittelpunkt und wird von den Machern von Computerspielen ganz bewusst genutzt. Denn die Belohnungen in einem Spiel werden am Anfang sehr großzügig vergeben. Je mehr man aber spielt, desto schwieriger wird es, die Belohnungen zu bekommen. Außerdem werden die Belohnungen auf unberechenbare[79] Weise vergeben. Dadurch können die Spieler hoffen,

[76]**die Geschicklichkeit:** die Fähigkeit, eine schwierige Aufgabe mit gekonnten, schnellen und präzisen Bewegungen zu erfüllen
[77]**das Level:** ein Abschnitt eines Computerspiels
[78]**das Belohnungssystem:** durch Belohnungen (= Bonus) fördert man das Verhalten, das die Belohnung ausgelöst hat; der Körper der Menschen erzeugt gute Gefühle, wenn der Mensch gut handelt; schlechte Gefühle werden erzeugt, wenn etwas Schädliches passiert; auf diese Weise lernt der Mensch
[79]**unberechenbar:** wenn sich etwas überraschend und ohne Regeln verhält

überraschend einen großen Schatz zu finden. Sie werden sich immer mehr dafür anstrengen.
So verlieren die Spieler noch mehr Macht über ihr Spiel. Der Wunsch nach Belohnung bestimmt das Handeln. Das Erfüllen der Vorgaben des Spiels wird zum Zweck des Spiels. Die Fantasie der Spieler wird nicht gefördert.
Computerspiele haben außerdem strenge Regeln, die man lernen muss. Wenn man sie nicht richtig versteht, kann man das Programm nicht bedienen und deswegen nicht spielen. Hier darf man als Spieler nicht mitbestimmen.
Auch erzählen viele Computerspiele eine vorgegebene Geschichte, die in einer bestimmten Welt passiert. Die Spieler können unterschiedlich auf die Ereignisse der Geschichte reagieren. Sie können die Regeln der Spiele-Welt aber nicht verändern. Das ist ein großer Unterschied zum „freien" Spiel zwischen Kindern.
Als Gegenargument kann man anführen, dass auch haptische Spiele strenge Regeln haben können. Brettspiele[80] haben zum Beispiel feste Regeln wie man die Spielfiguren bewegen darf. Ein Kind muss alt genug sein, um diese Regeln zu verstehen, bevor es mitspielen kann. Schach[81] ist wohl eines der kompliziertesten Brettspiele.

Schachspiel

Man darf aber nicht vergessen, dass diese Regeln jederzeit von allen Mitspielern gemeinsam verändert werden könnten. Ein Schachspiel lässt sich auch mit völlig neuen Regeln spielen. Das Spielmaterial bestimmt nicht die Regeln, sondern die Spieler.

[80]**das Brettspiel:** ein Spiel mit einem Brett als Unterlage, das an einem Tisch gespielt wird, oft mit Spielfiguren oder Würfeln
[81]**das Schachspiel:** das „Spiel der Könige", altes strategisches Brettspiel, bei dem man versucht, die gegnerische Figur des Königs „schachmatt" zu setzen

Bei einem Computerspiel geht das nicht. Der Schach-Computer reagiert nur, wenn man ihn richtig bedient. Nur wenn man die richtigen Knöpfe drückt, startet das Spiel. Wenn man die falschen Knöpfe drückt, bleibt der Bildschirm dunkel. Das Wort „bedienen" zeigt, dass das Spiel die Macht hat. Es erzieht die Spieler dazu, die richtigen Handlungen zu lernen. Die Spieler haben nur die Möglichkeit, ihr Spiel zu beenden oder ein anderes Spiel auszuwählen. Das Spiel selbst lässt sich nicht verändern. Es gehorcht nicht der Fantasie der Spieler. Es gibt den Spielern keine Freiheit.
Aber gibt es vielleicht auch digitale Spiele, welche die Fantasie fördern und als positives Gegenargument angeführt werden können?

Das „Open World"-Spiel Minecraft

Ein „Open World"-Spiel zeigt eine Welt, in der sich die Spieler frei bewegen können. 2009 startete Minecraft ohne eine Vorgabe für ein Ziel oder Ende des Spiels. Als „Sandbox Game"[82] gibt es den Spielern die Möglichkeit, mit Blöcken eine eigene Welt zu gestalten. Man kann die Minecraft-Welt erkunden, man kann Material sammeln, etwas aus den Blöcken bauen und gegen Monster kämpfen. Es gibt also viele Möglichkeiten und keine direkten Vorgaben.
Die Welt, mit der man ins Spiel startet, wird zufällig vom Programm erstellt. Sie kann sehr unterschiedliche Eigenschaften haben. Die Spieler können diese Eigenschaften bearbeiten. Man kann Berge abbauen, Mienen aushöhlen oder Gebäude, Landschaften und Maschinen bauen.
Einen Zweck hat das Spiel aber: das Überleben. Wenn man in Minecraft stirbt, verliert man alle gesammelten Dinge. Es gibt also klare Anreize[83], am Leben zu bleiben. Die Spielfigur muss außer-

[82]**das „Sandbox Game"/ (auf deutsch) Sandkasten-Spiel:** ein Spiel, das wie ein Kasten voller Sand Material zum Spielen bietet, aber nicht vorgibt, was daraus entstehen soll
[83]**der Anreiz:** ein Versprechen von späterer Belohnung, das bestimmtes Handeln auslöst

dem essen und schlafen. Wenn man nicht schläft, kommen Monster, gegen die man kämpfen muss. Trotz vieler Freiheiten schaffen diese Spielmechaniken[84] klare Belohnungen. Die Geräusche im Spiel helfen dabei mit. Sie geben den Spielern ein gutes Gefühl, wenn sie Blöcke einsammeln und daraus etwas bauen. Da es notwendig ist zu essen, gibt es Tiere im Spiel. Kühe, Schweine und Schafe laufen durch die Landschaften, damit sie von den Spielern getötet und gegessen werden können.
Das Spiel hat sich seit seinem Start durch Updates ständig weiterentwickelt. Es kommen weitere Tiere und Wesen hinzu, außerdem weitere Spielmechaniken. Beispielsweise muss man in Minecraft bestimmte Dinge finden, damit man daraus andere Dinge herstellen kann.
Man könnte sagen, dass in Minecraft eine Form der Industrialisierung stattgefunden hat. Die Spieler haben die Welt zuerst erkundet und zum Beispiel für Landwirtschaft genutzt. Man hat Kühe, Schafe oder Schweine gezähmt, damit man immer mit Essen versorgt ist. Man hat außerdem aus den verschiedenen Rohstoffen Häuser gebaut. 2010 wurde dann „Redstone" dem Spiel hinzugefügt. Mit diesem Material können elektrische Impulse weitergegeben werden. Dadurch entsteht die Möglichkeit der Automatisierung[85]. Man kann nun also Maschinen bauen. Auf diese Weise können bestimmte Blöcke automatisch abgebaut werden. Aber die Spieler müssen sich selbst ausdenken, wie man diese Maschinen baut. Auf diese Weise fördert Minecraft die Fantasie der Spieler.
Außerdem wird die Minecraft-Welt nach und nach erweitert. Wenn man bestimmte Rohstoffe sammelt, kann man ein Portal zum „Nether" bauen. Der Nether ist eine Gegenwelt, eine Art Hölle. Wenn man diese Welt entdeckt und dort einen Gegner besiegt,

[84]**die Spielmechanik:** Ablauf oder Kombination aus Regeln in einem Spiel
[85]**die Automatisierung:** eine Maschine bauen, die selbständig Produkte oder Waren herstellt

kann man später zum Beispiel Zaubertränke herstellen. Eine weitere Welt kommt noch später hinzu. Sie heißt „The End". In dieser Welt begegnet man dem „Enderman" und dem End-Gegner[86] „Enderdragon".

Minecraft hat also auch verschiedene Spielschritte und somit feste Regeln. Das Spiel arbeitet außerdem auch mit Belohnung und erzieht die Spieler dadurch zu einem bestimmten Verhalten. Innerhalb dieser Regeln und Anreize kann und darf man mit der Welt aber machen, was man möchte. Deswegen kann man das Spielen als sehr kreativ und frei bezeichnen. Viele der Spieler erfinden etwas Neues. Sie bauen Häuser, Landschaften oder Figuren in Minecraft, die vorher noch nie dagewesen sind. Das Spiel gibt ihnen das Material dazu und überlässt es den Spielern zu entscheiden, was sie daraus machen möchten.

Die Spieler können entscheiden, wie sie Minecraft spielen wollen. Deswegen gibt es verschiedene Communities[87].

Spieler, die Landschaften und Häuser bauen, nennen sich die „Builder"[88]. Andere Spieler haben sich auf Maschinenbau spezialisiert, man nennt sie die „Redstoner"[89]. Außerdem gibt es Spieler die Minecraft „PvP" spielen, also „Player versus Player"[90] und es gibt die „Surviver"[91]. Letztere spielen das Spiel innerhalb von „Adventure Maps"[92].

Adventure Maps sind in Minecraft gebaute Welten, in denen man eine vorgegebene Geschichte durchspielen kann. Spieler, die sich

[86]**der End-Gegner:** besonders starker Gegner am Ende eines Spiels oder Spielabschnitts
[87]**die Community:** eine Gemeinschaft, die sich über gemeinsame Interessen austauscht
[88]**die Builder:** eine Community in Minecraft, die sich mit Architektur beschäftigt
[89]**die Redstoner:** eine Community die sich mit dem Bau von Maschinen mit Hilfe von Redstone beschäftigt
[90]**„Player versus Player":** eine Community, die Minecraft im Rahmen von „Adventure Maps" spielt, und zwar gegen andere Spieler
[91]**die Surviver:** eine Community, die den Aspekt des Überlebens in Minecraft in den Mittelpunkt rückt
[92]**die „Adventure Map":** eine Welt in Minecraft, in der man eine Geschichte erleben kann

mit Programmierung[93] auskennen, können eigene Computerspiele-Welten erfinden. Die Entwickler von Minecraft haben das immer gefördert.
Aber wie verändert sich das Spielen, wenn andere Spieler hinzukommen? Ist Minecraft im Multiplayer Modus[94] noch genauso frei, wie beim kreativen Spiel im „Sandkasten"? Welche Rolle spielt Kommunikation beim Spielen?

Kommunikation und digitales Spielen

Kinder sprechen miteinander und fassen einander an, wenn sie spielen. Das ist ein wichtiger Unterschied zwischen dem digitalen und dem haptischen Spielen. Auf diese Weise lassen sich die Gefühle während des Spielens steuern. Man merkt, wenn jemand traurig ist, auch ohne Worte. Dann kann man die Regeln des Spiels ändern, sich etwas Neues ausdenken oder den anderen Spieler trösten. Es findet Austausch statt. Beim haptischen Spielen lernt man einander gut kennen.
Es ist aber auch bei Computerspielen möglich, gemeinsam mit anderen zu spielen. Es gibt Onlinespiele-Welten, in denen verschiedene Personen gleichzeitig sind. Minecraft kann zum Beispiel im Multiplayer Modus gespielt werden. Die Spieler teilen die Welt dann oft untereinander auf oder erleben Abenteuer miteinander. Die Spieler können miteinander chatten oder sogar sprechen. Dennoch befinden sich die Spieler nicht im selben Raum. Es findet Austausch statt, aber auch dieser ist wieder nur audiovisuell, nicht haptisch. Dadurch lässt sich einiges verbergen. Vielleicht wissen die Spieler nicht die richtigen Namen oder das richtige Alter oder Geschlecht voneinander. Man kann sich hinter seinem „Avatar" und dessen Eigenschaften verstecken. Das Kennenlernen im digitalen Spiel ist eine Illusion. Es kann passieren,

[93] **die Programmierung:** Erstellen von Computerprogrammen und Software
[94] **der Multiplayer Modus:** eine Spielart von Computerspielen, in der mehrere Spieler gemeinsam spielen

dass die Spieler faul werden und ihre Freunde im realen Leben vernachlässigen.
Auf der anderen Seite ist es für manche Menschen einfacher, online neue Freunde zu finden. Ansonsten wären diese Menschen vielleicht ganz allein. Außerdem kann man über das Internet mit Menschen aus der ganzen Welt kommunizieren. So lernt man fremde Länder und Kulturen kennen.
Grundsätzlich haben aber auch die digitalen Spiele keine Folgen für das reale Leben. Man kann sich einfach abmelden und alle Kontakte abbrechen. Deswegen kann es passieren, dass sich Menschen besonders gemein oder sogar aggressiv verhalten. Das Verhalten wird nicht ihrer Person, sondern ihrem Avatar zugeschrieben. Aus diesem Grund gibt es auch in der Onlinekommunikation „Mobbing"[95], also Attacken auf einzelne Spieler. Für die attackierten Spieler kann der Stress allerdings sehr real sein und ihren Alltag negativ beeinflussen.
Aber auch im freien Spiel können sich die Kinder gegen ein einzelnes Kind stellen und es auslachen. Die Wissenschaftler haben diese Art des Spielens als „Hämespiele" bezeichnet. Das ist ein altes Wort für Spiele, in denen einzelne Kinder aus der Gruppe ausgeschlossen sind. Sie werden beschimpft und ausgelacht. Diese Form des haptischen Spielens ist schädlich und destruktiv.
Grundsätzlich kann man sagen, dass man in einem Computerspiel eine andere Beziehung zu seinen Mitspielern hat. Man hat mehr Kontrolle darüber, wie man sich vor den Mitspielern zeigt. Man kann sie anlügen. Beim „echten" Spielen wird man unmittelbar wahrgenommen und ist dadurch verwundbar.

[95]**das Mobbing:** wiederholte seelische Gewalt von einer Person oder Gruppe gegenüber einer anderen Person, die ausgegrenzt, attackiert und gedemütigt wird

Leben und Tod in digitalen Spielen

Viele digitale Spiele arbeiten mit Leben und Tod als zentraler Spielmechanik. Das Spiel endet, sobald der Avatar stirbt. Man kann aber wieder „auferstehen"[96] und das Level von vorn beginnen. Sehr oft spielt man mit oder gegen andere Figuren im Spiel. Diese Figuren sind vom Spiel vorgegeben und lassen sich nicht grundlegend verändern. Sie können oft ebenfalls sterben und wieder auferstehen. In vielen Spielen gibt es Figuren oder Monster, die man bekämpft. Man muss sie auf eine bestimmte Art und Weise töten.

Diese Tatsache hat zu vielen öffentlichen Diskussionen über Video- und Computerspiele geführt. Welche Folgen kann es haben, wenn junge Menschen in Computerspielen andere Lebewesen töten? Werden junge Leute von Videospielen zum Töten erzogen? Ein Leben zu beenden, ist in der realen Welt eine der schlimmsten Taten, die die Menschen kennen. Wissenschaftler fragen sich, ob man dadurch auch im realen Leben zum Mörder werden könnte. Bewiesen ist das aber nicht. Generell können Kinder, Jugendliche und Erwachsene die reale Welt vom „als ob" der Spiele unterscheiden. Menschen mit einer mentalen Krankheit[97] können das aber vielleicht nicht.

Das Handeln im Computerspiel kann bestimmte Grenzen überschreiten[98]. Man kann mit einem Schwert eine Kuh töten und danach aufessen. Im wahren Leben hätte man das nicht gemacht. Das Problem ist, dass Videospiele diese Handlungen belohnen. Außerdem lässt sich im Spiel der Tod umkehren. Im wahren Leben können die Getöteten nicht wieder auferstehen.

Aber auch haptische Kinderspiele überschreiten manchmal Grenzen. Auch negative Handlungen werden von Kindern im Spiel

[96]**auferstehen:** von den Toten zurückkehren oder das Level im Computerspiel wiederholen
[97]**die mentale Krankheit:** Krankheit der Seele und des Bewusstseins, psychische Störungen
[98]**Grenzen überschreiten:** etwas tun, das tabu ist oder das man als böse oder schlecht beurteilt

ausprobiert. Man kann mit einem Stock aus dem Garten andere Kinder „erschießen". Aber das Erlebnis in der Illusion eines Computerspiels ist viel realistischer. Man sieht Blut spritzen und einen leblosen Körper fallen.

Jeder Mensch hat die Wahl. Ob man gut oder böse handeln will, ist eine bewusste Entscheidung. Im „Open World"-Game Minecraft kann man sich mit den Tieren anfreunden oder man kann sie töten. Wenn man ein Tamagotchi[99]-Ei hat, kann man das Küken füttern und versorgen. Oder man kann es verhungern lassen.

Auch ein Spieltier der Firma Steiff lässt einem die Wahl. Man kann den Spieltieren mit jeder Emotion begegnen. Die Haptik der Spieltiere macht diese Emotionen noch echter und körperlicher. Die Spieltiere können leben, sterben und wieder auferstehen. Die Kinder haben die Wahl, ob sie sich für diese Spiele entscheiden wollen.

Vielleicht gibt es so viele Debatten um Videospiele, weil dort der Tod zum Thema wird. Dieses Thema wird in der Gesellschaft sonst immer vermieden. In Videospielen wird Tod und Sterben gezeigt und erlebt. Die Menschen haben sehr viel Angst vor dem Tod. Deswegen haben sie auch Angst vor Bildern, die den Tod und das Sterben zeigen. Dabei ist es vielleicht gut, wenn über dieses Thema öffentlich gesprochen wird.

Fazit

Das freie Spiel der Kinder hat wichtige Funktionen. Vor allem kleine Kinder brauchen haptische Spiele. Hier lernen sie viele Fähigkeiten. Außerdem brauchen Kinder körperliche Beziehungen. Mit einem Spieltier kann man eine solche Beziehung haben.

Verschiedene Rollen auszuprobieren, ist Teil von vielen Spielen. Kinder und Jugendliche lernen so Empathie und sich selbst besser

[99] **das Tamagotchi:** elektronisches Spielzeug in Ei-Form aus Japan aus dem Jahr 1997, das ein digitales Küken darstellt, das versorgt werden will

kennen. Es ist wichtig, dass es Spiele gibt, in denen Kinder die Macht haben. Aber es macht auch Spaß, Spiele mit vielen Regeln zu spielen. Diese sind allerdings besser für ältere Kinder geeignet. Auch Computerspiele sind besser für ältere Personen geeignet. Wenn man ein glückliches Leben hat, können Computerspiele nicht schaden. Es ist wichtig, darauf zu achten, dass das Spielen keine Folgen hat. Wenn es Folgen gibt, sollte man das „Spielen" hinterfragen. Wenn man zum Beispiel Mobbing erlebt, ist es kein Spiel mehr; oder wenn man süchtig wird oder echte Freunde vernachlässigt. Man sollte sich bewusst sein, dass Computerspiele eine Illusion sind.

Manchmal wird die Grenze zwischen freiem Spielen, Lernen und Arbeiten undeutlich. Für jeden Spieler fühlt sich ein Spiel anders an. Manche Spiele kann man sehr unterschiedlich spielen. Das kreative Spiel Minecraft ist manchmal fast wie Arbeit. Wenn man eine riesige Kathedrale[100] bauen will, muss man vielleicht zuerst einen Berg abbauen. Das macht keinen Spaß. Aber man macht es trotzdem, weil man sich auf das Ergebnis freut. Die Spieler sind aber auch dabei ganz vertieft. Sie spielen die meiste Zeit um des Spielens willen und verwandeln die Welt in etwas komplett Neues. Aber das Spiel verfolgt auch einen Zweck, nämlich später eine schöne Kathedrale zu haben.

Man nennt diesen Aspekt „Workification" der Spiele-Welt. Das bedeutet, dass Computerspiele Aspekte des Arbeitens kopieren. Das Ergebnis der Arbeit wird zum Grund für das Spielen. Der Begriff steht dem Begriff „Gamification" gegenüber. Dieser Begriff bezeichnet Aspekte des Spielens in der Arbeitswelt. Wenn man zum Beispiel als Bedienung arbeitet, kann man mit einer App Punkte für Schnelligkeit sammeln. Diese Belohnungen machen glücklich und das Arbeiten macht mehr Spaß.

[100] **die Kathedrale:** ein prächtiges Bauwerk, ähnlich einer Kirche

Diese neuen Entwicklungen zeigen, dass das Spielen im Leben der Menschen immer wichtiger wird. Dabei ist Spielen sehr unterschiedlich. Digitales Spielen und haptisches Spielen haben unterschiedliche Eigenschaften. Dabei hat jede Art des Spielens seinen Platz. Beides ist wichtig, aber digitales Spielen darf nicht übertrieben werden. Durch das Belohnungssystem gibt es eine Suchtgefahr. Kleine Kinder können hingegen nicht genug frei spielen. Wissenschaftler haben herausgefunden, dass Spielen gut für ihre Entwicklung ist.

Früher haben nur die Kinder gespielt. Heute gibt es viele Spielzeuge und Computerspiele für Jugendliche und Erwachsene. Spielen und Arbeiten vermischen sich durch die Digitalisierung. Manche Menschen brauchen Spiele, um glücklich zu sein, auch noch als Erwachsene.

Wenn man sich an die Situation zur Zeit von Margarete Steiff erinnert, ist das bemerkenswert. Der Wunsch nach Spaß und Belohnung wird immer wichtiger. Die Bedürfnisse der Menschen dürfen immer mehr erfüllt werden. Das ist grundsätzlich gut. Aber man darf nicht vergessen, dass Spielzeuge und Computerspiele nun eine Industrie sind. Das heißt, große Firmen machen viel Geld damit. Sie werden versuchen, die Menschen zum übermäßigen Spielen zu bewegen. Deswegen – wie mit allen Dingen im Leben – müssen die Menschen Verantwortung für ihr Spielen übernehmen. Man muss aufpassen, dass das Spielen gut fürs Leben ist und nicht zu viel wird.

Übungen zum Leseverstehen

1. Ordne die Begriffe A–W in die richtige Spalte in der Tabelle auf S. 67 ein.
ACHTUNG: Manche Begriffe passen in beide Spalten!

A Alle Emotionen

B Ältere Kinder, Jugendliche und Erwachsene

C Audiovisuell

D Bedienung lernen

E Belohnungssystem

F Bildschirm

G Fantasie

H Frei

I Grenzen überschreiten

J Haptisch

K Illusion

L Jedes Alter

M Keine Folgen

N Konzentrieren

O Mitspieler anfassen

P Mitspieler aus aller Welt

Q Regeln selbst bestimmen

R Rollen ausprobieren

S Toben und rennen

T Trösten und Heilen

U Viele Regeln

V Vorgegebene Geschichten

W Zaubern

Spielen mit Spieltieren	Digitales Spielen

2. Kreuze alle Spielweisen von Minecraft an.

a) Multiplayer
b) Redstoner
c) Surviver
d) Rätsel
e) Open World
f) Ego-Shooter
g) Builder
h) Sandbox
i) Player versus Player
j) Puzzle
k) Adventure Maps

3. Aus welchen Gründen spielen die Menschen? Kreuze an.

a) Langeweile
b) Zwang
c) Lernen
d) Unterhaltung
e) Um zu verlieren
f) Rollen üben
g) Emotionen verarbeiten
h) Spieltrieb
i) Aus Rache
j) Empathie lernen
k) Spaß haben
l) Toben wollen
m) Keine Folgen
n) Geschicklichkeit üben
o) Belohnung
p) Gemeinschaft
q) Abenteuer erleben
r) Sucht

4. Lässt sich das digitale Spielen mit dem Spiel mit den Steiff-Tieren vergleichen? Ist eine Spielweise besser als die andere?

____

____

____

____

____

____

____

____

Wirkung

5. **Welche Spiele spielst du gern und warum? Schreibe deine Meinung und Gedanken dazu auf.**

Wirkung

Bildquellenverzeichnis

11, 27.9 Getty Images (Hans-Martens), München; **12** Shutterstock (Aleks49), New York; **14** Margarete Steiff GmbH, Giengen an der Brenz; **18** Margarete Steiff GmbH, Giengen an der Brenz; **20** Margarete Steiff GmbH, Giengen an der Brenz; **21** Margarete Steiff GmbH, Giengen an der Brenz; **22.1** Margarete Steiff GmbH, Giengen an der Brenz; **22.2** Margarete Steiff GmbH, Giengen an der Brenz; **24** Margarete Steiff GmbH, Giengen an der Brenz; **27.1, 27.8** Getty Images (esemelwe), München; **27.2** Getty Images (cjmckendry), München; **27.3** 123RF.com (aninna847), Nidderau; **27.4** Shutterstock (Violetta Derkach), New York; **27.5, 27.6** Getty Images (Will & Deni McIntyre), München; **27.7** Getty Images (monap), München; **27.10** Getty Images (nikolay100), München; **29.1** Alamy (360b), Abingdon, UK; **29.2** Alamy (David Calvert), Abingdon, UK; **30** 123RF.com (kongsky), Nidderau; **35** Alamy (The History Collection), Abingdon, UK; **37** Alamy (World History Archive), Abingdon, UK; **39** Margarete Steiff GmbH, Giengen an der Brenz; **48** 123RF.com (dolgachov), Nidderau; **50** Getty Images (ananaline), München; **54.1** Getty Images (PixelCatchers), München; **54.2** 123RF.com (dezydezy), Nidderau; **56** 123RF.com (evgenyatamanenko), Nidderau